La cuisine basque

DU MÊME AUTEUR

chez le même éditeur

La cuisine bourguignonne, 2003

La cuisine des Flandres, 2004

La cuisine auvergnate, 2004

La cuisine savoyarde, 2004

Sylvianne Léveillé

La cuisine basque

Editions Jean-Paul Gisserot

www.editions-gisserot.com

A ma Mamy,

que nous aimons et qui nous a quittées

pendant la réalisation de cet ouvrage.

“ Avec un ami les heures sont courtes ”

Vert, bleu, blanc et rouge. Les couleurs du Pays Basque. Vert des collines du Haut-Labourd et de Basse-Navarre, des montagnes de la Soule pyrénéenne, du *Saltus Vasconum*, la forêt basque dont parlait déjà Tite-Live ; bleu des rivages atlantiques de Bayonne à Hendaye, Biarritz et Saint-Jean-de-Luz ; blanc de l'*etxea* (ou *etche)*, la maison traditionnelle avec son toit à double pente, des moutons et brebis : rouge des piments d'Espelette décorant les façades de leurs guirlandes et des cerises d'Itxassou, frontons et linteaux.

Escualdanac, le Pays Basque, cultive le particularisme avec bonheur. Dès le commencement de leur histoire, les Basques, - les Vascons – se démarquent des autres peuples qui vivent ou s'installent dans cette partie de l'Europe : en effet, on sait d'où proviennent les Celtes, les Romains, les Wisigoths, les Ostrogoths, etc. Mais les Basques ? Origine inconnue… Leur langue (considérée comme la plus ancienne d'Europe), l'*euskara*, *euskera*, *eskuara* ou *uskara*, leurs us et coutumes, tout les distingue des autres peuples. Les *fors*, les lois basques, contrôlées par les *juntas*, les assemblées populaires locales et démocratiques, mettent l'accent sur la liberté individuelle à des époques où l'on ignore même ce que cela veut dire. Devenus catholiques, ils combattent pour empêcher les autorités ecclésiastiques de dominer leurs institutions religieuses. Aujourd'hui encore les processions religieuses y conservent des traditions remontant à l'époque médiévale. Autres particularités, le fameux et célèbre béret, la pelote basque et ses *pelotari* maniant la *chistera* avec une dextérité impressionnante, le *makila,* canne de néflier à la longue fabrication (plus de 20 ans pour en réaliser une !), les chants polyphoniques et les pastorales, créations d'auteurs locaux interprétées en basque par une troupe d'amateurs des villages de la Soule notamment, les bandas et txarangas, orchestres de musique populaire, l'*Irrintzina*, ce cri des bergers si particulier qui a même son championnat à Urcuray, sans oublier la célèbre croix basque, unique en son genre, formée de deux S entrecroisés, et dont le nom en basque est *lauruburu*, ce qui veut dire “ quatre têtes ” ; elle est portée volontiers en bijou mais on la retrouve également un peu partout (sur les maisons, les meubles, le linge de maison, les espadrilles…). Même le mobilier se veut particulier : la *manka*, buffet dont le haut forme un coffre à abattant muni d'une serrure, l'*hermairu*, armoire à deux portes sculptées et tiroir en sa partie inférieure, le *züzülü*, banquette à trois places dont le dossier, dans sa partie centrale, pivote pour servir de table...

La cuisine est à l'image de ces particularismes mais aussi de cette variété de paysages et l'on y retrouve aussi bien celle du berger que celle du marin, celle du paysan que celle du vigneron. Naguère on pouvait vous servir un rôti de jambe d'ours ou une langue de baleine (ce sont les Basques qui introduisirent en France, au Moyen Âge la chasse à la baleine, allant bientôt jusqu'au Spitzberg par flottes de plus de 100 navires. Cette chasse, transformée en véritable industrie, devint le centre de la richesse du Pays Basque pendant environ 5 siècles). Aujourd'hui isard, palombe, pibale (alevin d'anguille que l'on prépare au piment et à l'ail), pousse-pied (un coquillage) et loukinkas (petites saucisses à l'ail) doivent se déguster dans le pays même pour atteindre leur juste saveur. La réputation du jambon de Bayonne n'est plus à faire, de même que celle du fromage de brebis. Mais il faut venir ici pour déguster ce fromage accompagné de confiture de ces fameuses cerises d'Itxassou. Le piment d'Espelette est également célèbre et les recettes basques ne se privent pas de le glisser un peu partout : dans la piperade, l'axoa (sorte de ragoût d'agneau aux oignons et épices), le zikiro ou mouton grillé, le poulet basquaise, la tripotcha (un boudin de mouton, spécialité de Sare) ; il sert à accommoder les poissons, à l'affinage du jambon ; il remplace même la moutarde quand il est réduit en purée ; on le retrouve même jusque dans... le chocolat. Car ici, - n'en déplaise aux Belges et aux Suisses -, on a une Académie du chocolat ! Spécialité de Bayonne qui, dès 1761 dispose de sa propre corporation de chocolatiers, la fabrication et le commerce de ce produit ont fait au XVIIIème siècle de cette cité la première ville chocolatière du royaume de France : le chocolat de Bayonne, parfumé à la cannelle se sert aujourd'hui dans tout le Pays Basque.

Autre piment, celui d'Anglet, doux et vert que l'on farci volontiers avec de la morue effeuillée ou du fromage de brebis. Farcis également les chipirons (calamars) que l'on sert aussi grillés ou dans une sauce tomate (xipiroia) ou encore à l'encre. La dorade, le merlu font également partie de la table basque : la première grillée et arrosée d'un mélange de vinaigre et d'huile pimenté et aillé, le second servi koskera. Saumon, truites, sardines, thon (servi marmitako, c'est-à-dire en ragoût) ont aussi leur place, mais ce qu'il faut goûter au moins une fois dans sa vie, c'est le ttoro : nom qui laisse perplexe les visiteurs croyant avoir affaire à quelque préparation à base de viande de taureau et qui se retrouvent devant une sorte de soupe de poisson au vin blanc, piments et tomates dans laquelle mijotent congre, lotte, langoustines, moules, tous les poissons possibles et imaginables tant il existe de variantes de ce plat.

Les volailles ne sont pas oubliées et confit de canard et d'oie, magrets, foies gras dégustés avec des raisins et du pain grillé sont au menu. Pommes de terre et cèpes, girolles accompagnent les plats, de même que les poivrons et tomates omniprésents sur la table basque, ainsi que le riz mélangé aux légumes, au jambon...

Et l'on termine le repas avec un morceau de fromage de brebis fabriqué par les bergers dans les *cayolars* (petites cabanes en pierre) avec un lait fleurant bon les herbages et la flore des prairies pyrénéennes. A moins que vous ne vouliez goûter à la gastambère, délicieux caillé de brebis. Et s'il vous reste une petite place, essayez le béret basque, délice chocolaté dont la forme caractéristique rappelle ce couvre-chef du cru, ou encore les macarons de Saint-Jean-de-Luz, à la fois tendres et craquants, le gâteau basque garni de crème pâtissière ou encore, à Itxassou, de délicieuses cerises et confiture de cerises que l'on ne trouve nulle part ailleurs puisqu'il s'agit de variétés locales, Peloa, Genezi Beltxa, Xapata. Un peu de touron, nougat tendre parfumé à la pâte d'amande, accommodé de divers parfums terminera votre tour de la gastronomie basque.

Et si l'Irouléguy, le cidre (les Basques l'ont fabriqué avant les Normands !), la liqueur d'Izarra, préparée à partir d'une vingtaine de plantes, ou le Patxaran, à base de prunelle sauvage et de liqueur d'anis ne vous ont pas tourné la tête, allez à la découverte de ce beau pays. Des superbes plages de la Côte jusqu'aux forêts sauvages de la Soule, en passant par les paysages stupéfiants des gorges, canyons et cascades, les mystérieuses grottes paléolithiques de la Basse-Navarre et les prairies où paissent de paisibles chevaux pottoks, vous aurez encore le plaisir de découvrir mille spécialités culinaires que ne manqueront pas de vous faire goûter les Basques si accueillants qui deviendront vite vos amis.

Car au Pays Basque il est un proverbe qui dit : *Adiskide onekin, orduak labur*, " avec un ami les heures sont courtes ". Aussi les Basques qui pensent que bien plus qu'une nécessité, manger est un art de vivre, s'en font un parfait prétexte pour partager entre amis une cuisine pleine de saveurs et de caractère. Alors ils vous invitent. N'hésitez pas. Vous ne le regretterez pas !

Sylvianne Léveillé

La garbure

Ingrédients pour 6 personnes :

6 carottes,
1 palette de porc demi-sel,
1 jarret de porc,
500 g de haricots verts,
1 crosse de jambon de Bayonne,
400 g de haricots blancs,
200 g de poitrine de porc demi-sel,
thym et laurier,
2 navets,
3 oignons,
6 pommes de terre,
2 petits choux,
pain, gruyère,
1 boîte de confit de porc,
sel et poivre.

Réalisation :

• La veille, faites tremper les haricots blancs si vous avez choisi d'en utiliser des secs. Faites dessaler les viandes demi-sel.

• Grattez les carottes. Epluchez les navets. Pelez les oignons. Enlevez les premières feuilles des choux et coupez les cœurs en quartiers. Effilez les haricots verts. Lavez tous ces légumes soigneusement. Ecossez les haricots blancs si vous en avez choisi des frais. Placez tous ces légumes dans une grande marmite allant au four. Ajoutez le thym et le laurier, puis les viandes (à l'exception du confit de porc). Assaisonnez : très peu de sel surtout ! Poivre à votre goût. Couvrez d'eau à hauteur, amenez à ébullition puis placez au four en maintenant une petite ébullition. Laissez cuire pendant 2 heures. Au bout de ce temps, vérifiez la cuisson des viandes et retirez celles qui sont déjà cuites. Conservez-les au chaud dans un peu du bouillon. Remettez le reste au four pour 1 heure.

• Tranchez le pain de campagne. Râpez le gruyère. Garnissez les tranches de pain de confit de porc et saupoudrez de gruyère. Faites dorer au four bien chaud. Chauffez une soupière. Prélevez le lard dans la marmite et coupez-le en tranches. Disposez dans la soupière une couche de légumes, le lard en tranches puis une autre couche de légumes. Arrosez de bouillon.

Placez les autres viandes sur un plat de service préalablement chauffé, entourées des tranches de pain de campagne garnie de confit de porc. Servez le tout ensemble et bien chaud.

Vin conseillé : Irouléguy, Beaujolais, Passetoutgrain

Vous pouvez également présenter votre garbure dans la marmite de cuisson ou dans une soupière allant au four. Dans ce cas bouillon, légumes et viandes sont recouverts de tranches de pain piquées d'ail et saupoudrées de gruyère. Il faut alors mettre le tout à gratiner au four très chaud et servir dès que le dessus présente une croûte dorée.

Le jambon de Bayonne provient des porcs de la vallée des Aldudes. Frotté avec du gros sel ou même du piment d'Espelette, il repose de 20 jours à 1 mois dans son saloir avant de sécher doucement pendant une période allant de 6 mois à 1 an. Le label " Ibaïona " lui donne ses lettres de noblesse !

La soupe au congre

Ingrédients pour 8 personnes:

450 g d'oseille,
8 tranches de congre,
1 bouquet de persil,
1 bouquet de cerfeuil,
2 oignons,
2 gousses d'ail,
3 jaunes d'œufs,
2 dl de crème fraîche,
1 citron,
pain grillé,
sel et poivre.

Réalisation :

• Nettoyez et équeutez l'oseille, le persil et le cerfeuil. Hachez le tout. Pelez et émincez les oignons. Pelez et hachez l'ail.

• Placez les tranches de congre dans un grand faitout. Ajoutez l'oseille (gardez-en un peu pour la décoration), le persil, le cerfeuil, les oignons et l'ail. Ajoutez 2,5 l d'eau et amenez à ébullition. Laissez cuire ensuite à feu doux, en couvrant à moitié le faitout, pendant 30 minutes.

• Chauffez 8 assiettes à soupe et placez-y les tranches de congre. Décorez avec l'oseille restante.

• Battez les jaunes d'œufs avec la crème et le jus du citron, sel et poivre. Ajoutez au bouillon en fouettant vivement.

• Servez les assiettes devant chaque convive. Accompagnez du bouillon servi en soupière et de tranches de pain grillé.

Vin conseillé :Sylvaner, Pouilly-Fuissé

La soupe au merlu

Ingrédients pour 4 personnes :

4 oignons,
huile d'olive,
1 bouquet garni,
1 poireau,
3 gousses d'ail,
vinaigre,
800 g de merlu,
pain de campagne,
sel et poivre.

Réalisation :

• Pelez et émincez les oignons. Faites-les revenir dans 2 cuillères à soupe d'huile et laissez-les colorer légèrement. Ajoutez alors 1,5 l d'eau, le bouquet garni, le poireau lavé et découpé en tronçons, l'ail pelée et écrasée, du sel et du poivre. Amenez à ébullition et laissez bouillir 1/4 d'heure.

• Découpez le merlu en 4 darnes. Plongez celles-ci dans le bouillon. Baissez l'intensité du feu et laissez frémir pendant 35 minutes.

• Pendant ce temps, découpez 4 tranches de pain de campagne et faites griller ces dernières à la poêle dans un peu d'huile d'olive en les retournant plusieurs fois.

• Chauffez les assiettes des convives et mettez au fond de chacune d'elles 1 tranche de pain grillé. Placez dessus 1 darne de merlu et arrosez du bouillon.

• Servez en accompagnant d'huile d'olive et de vinaigre que chacun pourra, à son choix, adjoindre à son bouillon ou, ayant terminé celui-ci, sur sa tranche de merlu.

Vin conseillé : un bon vin blanc… du cru !

L'en-cas des bergers basques

Ingrédients pour 6 personnes :

4 petits oignons frais,
1 poivron mariné à l'huile,
450 g de fromage de brebis frais,
1 tomate,
ciboulette,
persil,
huile d'olive,
pain de campagne,
sel et poivre.

Réalisation :

• Pelez et hachez très finement les oignons. Hachez l'équivalent de 2 cuillères à soupe de persil et d'1 cuillère à soupe de ciboulette. Mélangez oignons et herbes au fromage de brebis. Salez et poivrez. Réservez au réfrigérateur.

• Découpez le poivron en fines lanières et la tomate en petits dés.

• Découpez le pain de campagne en tranches et passez celles-ci au grille-pain.

• Tartinez les tranches de pain de campagne avec le fromage. Décorez avec la tomate et le poivron. Arrosez d'un petit filet d'huile d'olive.

• Servez aussitôt car le fromage doit rester très frais.

Vin conseillé : Meursault en entrée, peut-être un Jurançon en apéritif…

Vous pouvez servir cet en-cas en guise d'entrée, comme repas du soir, quatre-heures ou encore, en découpant les tranches de pain en petits triangles, à l'apéritif.

Le feuilleté à la Basquaise

Ingrédients pour 4 personnes:

250 g de pâte feuilletée,
1 cuillère à café de farine,
1 œuf,
500 g de tomates,
1 poivron rouge,
1 poivron vert,
3 gousses d'ail,
huile d'olive,
vinaigre,
1 boîte de filets d'anchois,
sel et poivre.

Réalisation :
• Préchauffez le four réglé sur th. 7 (230° C).

• Etalez la pâte et découpez-y un grand rectangle, un cercle ou toute autre forme de votre choix. Découpez, tout autour de ce rectangle ou cercle des bandes de pâte de 2 cm de largeur. Humectez une plaque à four avec un peu d'eau et farinez-la légèrement. Posez-y le rectangle ou le cercle de pâte et collez les bandes de pâte tout autour du rectangle ou du cercle après les avoir passées au jaune d'œuf étendu d'un filet d'eau. Dorez le dessus des bandes au jaune d'œuf et piquez le fond de pâte à la fourchette. Parsemez de petits cailloux ou de " pois " de métal (pois spécialement destinés à cuire les pâtes " au blanc "). Enfournez pour 10 minutes. Enlevez les cailloux ou les " pois ".

• Pelez les tomates (plongez-les dans l'eau bouillante pour faciliter ce travail), épépinez-les et hachez-les. Pelez les poivrons (passez-les à la flamme pour que leur peau se boursoufle, couvrez-les d'un torchon humide et laissez refroidir : vous pourrez ainsi les peler facilement). Epépinez-les et coupez-les en lanières. Pelez les gousses d'ail et émincez-les.

• Faites chauffer un peu d'huile d'olive dans une poêle et faites-y cuire les tomates et l'ail pendant 20 minutes à découvert. Salez peu et poivrez bien. Ajoutez les poivrons et laissez cuire encore 10 minutes. Ajoutez un filet de vinaigre. Garnissez le feuilleté de ce mélange de légumes et placez les filets d'anchois sur ces derniers. Arrosez d'un filet d'huile.

• Faites cuire pendant une demi-heure au four réglé sur th. 5 (185° C).

Servez à la sortie du four.

Vin conseillé : Rosé de Provence.

La cuisine basque utilise beaucoup la tomate. On oublie souvent que des liens unissent la tomate dans la redoutable famille des solanacées à la mystérieuse mandragore utilisée en sorcellerie au Moyen Âge, à la jusquiame chère aux disciples de Locuste, à la belladone au fruit perfide, à la stramoine qui met l'âme en furie. Cette parenté lui valut la méfiance à l'époque où, nouvellement venue d'Amérique, elle était désignée sous le nom de Mala insana par Césalpin, Pomo d'Oro par Mathias. Ce fut Dodoens qui l'appela " Pomme d'amour ".

Les bouchées basquaises

Ingrédients pour 6 personnes :

6 bouchées en pâte feuilletée,
2 poivron verts,
thym, laurier,
huile d'olive,
1/2 piment vert,
1 oignon,
1 ou 2 tomates,
1 gousse d'ail,
4 cuillères à soupe de madère,
3 œufs,
3 cuillères à soupe de persil haché,
sel et poivre.

Réalisation :

• Faites chauffer les bouchées à four doux pendant 10 minutes.

• Pelez le poivron (faite-le griller au four et enveloppez-le quelques instants dans du papier, ce qui vous aidera à le peler plus facilement). Epépinez-le et coupez-le en fines lanières. Epépinez et coupez le piment en lanières. Mettez le tout à cuire doucement à la poêle dans une cuillère à soupe d'huile.

• Pelez et hachez oignon et ail. Pelez et épépinez les tomates. Dans une casserole, faites fondre l'oignon et l'ail dans un peu d'huile. Ajoutez les tomates, du thym effeuillé, du laurier. Salez peu et poivrez bien. Laissez cuire 7 minutes.

• Mélangez les deux préparations. Ajoutez le Madère et faites chauffer le tout à feu doux pour faire réduire la préparation.

• Pendant ce temps battez les œufs en omelette que vous assaisonnerez à votre goût. Faites-la cuire à la poêle dans un peu d'huile. Elle ne doit plus être baveuse. Découpez-la en petits morceaux que vous mélangerez aux légumes. Ajoutez également le persil et mélangez bien.

• Garnissez alors les bouchées bien chaudes et servez aussitôt.

Vin conseillé : un Riesling

La Bayonnaise

Ingrédients :

2 jaunes d'œufs,
huile d'olive,
purée de piment d'Espelette,
sel.

Réalisation :

• Mettez les jaunes d'œufs dans une jatte avec une pincée de sel et une petite cuillère à café de purée de piment. Mélangez bien à la cuillère de bois ou au fouet électrique. Ajoutez peu à peu l'huile d'olive en tournant vivement ou en battant régulièrement au fouet électrique. Montez peu à peu votre sauce comme vous le feriez d'une mayonnaise.

• Lorsqu'elle est bien ferme, tenez-la au frais jusqu'au moment de servir.

La Bayonnaise, dérivé pimenté de la mayonnaise, s'utilise comme cette dernière : pour assaisonner des plats ou en accompagnement.

Le célèbre piment d'Espelette est le roi de la cuisine basque. Il a sa fête dans son lieu d'origine au cours du dernier week-end d'octobre. Ornant les façades des maisons basques de ses tresses gaies et colorées, il existe en une douzaine de variétés, passant du vert au rouge, du " doux " (si l'on peut dire !) au piquant, se présentant entier, en lanières, haché, en poudre, en purée, en gelée, en saumure, au vinaigre...

Les crêpes basquaises

Ingrédients pour 6 personnes :

4 tomates,
2 poivrons verts,
2 oignons,
2 gousses d'ail,
6 œufs,
huile d'olive,
6 fines tranches de jambon de Bayonne,
piment frais ou en poudre,
pâte à crêpes,
sel et poivre.

Réalisation :

• Pelez et épépinez les tomates. Coupez-les en morceaux. Pelez et épépinez les poivrons. Coupez-les en fines lanières. Pelez et émincez les oignons et l'ail.

• Mettez-le tout à cuire à l'huile d'olive dans une casserole. Salez et poivrez. Quand tous les légumes sont tendres, retirez du feu et ajoutez les tranches de jambon découpées en fines lanières.

Faites 6 crêpes fines. Garnissez-les de la farce aux légumes et jambon. Saupoudrez de piment haché ou en poudre. Repliez les crêpes et tenez au chaud.

- Cuisez les œufs au plat dans un peu d'huile.

- Servez les crêpes dans des assiettes bien chaudes, en les surmontant des œufs au plat.

Vin conseillé : un Bourgogne blanc

La salade charcutière à la Basquaise

Ingrédients pour 4 personnes :

1 kg de haricots blancs,
1 oignon,
1 clou de girofle,
thym et laurier,
cornichons,
150 g de petites saucisses,
huile et vinaigre,
coulis de tomates,
piment rouge,
saucisson,
sel et poivre.

Réalisation :

• Si vous choisissez des haricots secs, faites-les tremper la veille. Si vous prenez des haricots frais, égrenez-les.

• Faites cuire les haricots dans une bonne quantité d'eau froide salée en leur ajoutant l'oignon piqué du clou de girofle, deux branches de thym et une feuille de laurier. Laissez cuire environ 2 heures.

• Préparez une vinaigrette avec huile, vinaigre, sel et poivre, du coulis de tomates et une bonne quantité de piment rouge pilé ou en poudre. Préparez également un peu de coulis mélangé à du piment pilé ou en poudre.

• Lorsque vos haricots sont presque cuits, faites cuire les saucisses à la poêle dans un peu d'huile ou pochez-les dans de l'eau frémissante. Quand elles sont rissolées ou pochées, jetez-les dans le coulis de tomates pimenté et remuez bien. Coupez quelques rondelles de saucisson.

• Egouttez les haricots et mettez-les dans un saladier. Versez dessus la vinaigrette épicée. Ajoutez les saucisses et les tranches de saucisson.

• Servez tiède avec des cornichons au vinaigre.

Vin conseillé : un Condrieu.

ETIT

La salade basquaise au canard

Ingrédients pour 4 personnes :

400 g de haricots verts,
1 magret de canard,
150 g de foie gras de canard frais,
1 cuillère à soupe de vinaigre de Xérès,
1 cuillère à café de vinaigre balsamique,
salade,
1 cuillère à café de moutarde,
3 cuillères à soupe d'huile,
3 cuillères à soupe d'huile d'olive,
3 cuillères à soupe d'huile de noisette,
200 g de raisin noir et blanc,
cerfeuil,
sel et poivre.

Réalisation :

• Effilez les haricots verts et faites-les cuire une dizaine de minutes à l'eau bouillante salée. Rafraîchissez pour arrêter la cuisson et égouttez.

• Entaillez la peau du magret de canard. Chauffez une poêle anti-adhésive et placez dedans le filet, côté peau en dessous. Couvrez la poêle et laissez cuire à " l'unilatérale " (c'est-à-dire sans retourner le filet) pendant une dizaine de minutes, jusqu'à ce qu'il soit cuit à votre goût (bien cuit ou rosé). Salez et poivrez. Retirez de la poêle et, après avoir jeté la graisse, remplacez par le foie gras découpé en escalopes. Cuisez 1 minute de chaque côté. Salez et poivrez. Découpez en fines tranches.

• Mélangez les vinaigres, la moutarde et les huiles. Salez et poivrez.

• Disposez les feuilles de salade au fond d'un plat un peu creux. Faites un lit de haricots. Arrosez de la vinaigrette. Posez sur ce lit les tranches de magret de canard puis les escalopes de foie gras. Répartissez les grains des deux raisins. Parsemez de cerfeuil et servez.

Vin conseillé : un vin d'Anjou

Tout comme leurs voisins des Landes et du Gers, les Basques préparent également un excellent foie gras de canard ou d'oie " à l'ancienne ", enrobé dans sa propre graisse. Ici on l'accommode volontiers avec des grains de raisin ou on l'étale tout simplement sur des tranches de pain grillé.

La salade aux poivrons

Ingrédients pour 4 personnes :

Préparation : la veille

3 œufs,
4 poivrons rouges,
4 gousses d'ail,
1 petit bouquet de persil,
huile d'olive,
vinaigre,
filets d'anchois à l'huile,
sel et poivre.

Réalisation :

• Faites griller les poivrons et lorsque leur peau commence à noircir et à se boursoufler passez-les sous l'eau froide et pelez-les. Epépinez-les et découpez les en lanières. Placez ces lanières dans un plat creux.

• Epluchez et hachez l'ail. Hachez le persil. Saupoudrez les poivrons avec ces deux hachis.

• Préparez une vinaigrette avec huile d'olive, vinaigre, sel et poivre (il en faut suffisamment pour recouvrir les poivrons). Arrosez les poivrons de cette vinaigrette et laissez mariner au frais jusqu'au lendemain.

• Le lendemain, faites cuire les œufs au dur. Ecalez-les et découpez-les en rondelles.

• Placez les rondelles d'œufs durs sur les poivrons, puis les filets d'anchois disposés en croisillons.

La terrine de foies de volaille à la Xapata

Préparation : la veille–30 mn
Cuisson : 1 h 30

Ingrédients pour 6 personnes :
600 g de foies de volaille,
1 barde de lard ou des tranches de poitrine fumée,
250 g de cerises noires,
thym et laurier,
farine,
400 g d'échine de porc,
1 échalote,
2 œufs,
5 cl de kirsch,
1 pincée de quatre-épices,
sel et poivre.

Réalisation :
• Coupez les foies de volaille en morceaux et gardez-en quelques-uns que vous hacherez finement. Mélangez les foies hachés et les foies en morceaux à l'échine hachée. Ajoutez l'échalote également hachée, les œufs et le kirsch, puis les quatre-épices, le sel et le poivre. Mélangez intimement.

• Préchauffez votre four réglé sur th. 6/7 (200° C). Dénoyautez les cerises.

• Tapissez une terrine de la moitié de la barde de lard ou des tranches de poitrine. Placez une couche de farce puis des cerises, une autre couche de farce, des cerises et ainsi de suite en terminant par une couche de farce. Couvrez de la seconde moitié de barde ou des tranches de poitrine restantes. Déposez dessus le thym et le laurier. Placez le couvercle de la terrine.

• Avec la farine et un peu d'eau, faites une pâte molle et appliquez celle-ci tout autour du couvercle pour qu'il soit bien hermétique.

• Cuisez au bain-marie du four pendant 1 h 30. Laissez refroidir et placez au frais jusqu'au lendemain.

Vin conseillé : un Côte-de-Nuits

Comme la Peloa et la Genezi Beltxa, la Xapata est une variété locale (Itxassou) de cerise, juteuse et sucrée, mais hélas ! devenue rare. En 1996 en effet, on ne comptait plus que 1.300 arbres portant ces espèces...

Les rouleaux Bayonnais

Ingrédients pour 6 personnes :

70 g de fromage de brebis sec,
6 tranches de jambon de Bayonne,
12 petites tomates,
persil,
piment en poudre,
250 g de fromage de brebis frais ou du caillé de brebis,
poivre.

Réalisation :

• Râpez le fromage de brebis sec. Mélangez-le avec le fromage de brebis frais. Poivrez et pimentez.

• Coupez les tranches de jambon en deux. Placez un rouleau de préparation aux fromages sur chaque demi-tranche de jambon et roulez celle-ci.

• Ôtez le chapeau des tomates. Videz l'intérieur de ces dernières en vous servant d'une petite cuillère pour ne pas les abîmer. Remplissez de préparation aux fromages et replacez les chapeaux.

• Disposez vos rouleaux de jambon sur le plat de service. Entourez des tomates. Décorez avec des branches de persil et ce qui reste de la préparation aux fromages. Placez au frais jusqu'au moment de servir.

Vin conseillé : un Irouléguy

Le célèbre jambon de Bayonne a sa Foire qui se tient au mois d'avril, pendant trois journées complètes. C'est la Confrérie du Jambon de Bayonne qui ouvre solennellement cette Foire pendant laquelle cette spécialité est abondamment dégustée en compagnie d'Irouléguy et de piments d'Espelette. Le jambon de Bayonne est élaboré à partir des porcs du bassin de l'Adour que l'on nourrit au maïs. Selon des règles fort anciennes et toujours suivies à la lettre, il est salé au sel de la région et séché pendant un minimum de 9 mois.

Les melons à la Basquaise

Ingrédients pour 4 personnes :

4 petits melons,
4 fines tranches de jambon de Bayonne,
1 poivron vert,
1 citron,
8 cuillères à soupe de cerneaux de noix,
6 cuillères à soupe de crème fraîche.

Réalisation :

• Ôtez le haut des melons et videz-les de leurs pépins. Creusez-les avec une petite cuillère et récupérez leur chair que vous couperez en morceaux.

• Pelez et épépinez le poivron. Coupez-le en lanières fines que vous recouperez en petits bâtonnets.

• Ecrasez grossièrement les cerneaux de noix. Coupez le jambon en petites lanières.

• Zestez très finement le citron puis pressez-le. Mélangez zeste et jus avec la crème fraîche. Ajoutez les noix.

• Mélangez les morceaux de melon, les bâtonnets de poivron, le jambon et la sauce à la crème. Remplissez les melons de cet appareil. Replacez leurs chapeaux.

• Tenez au frais jusqu'au moment de servir.

Les œufs brouillés à la Basquaise

Ingrédients pour 4 personnes :

1 poivron rouge,
2 courgettes,
huile d'olive,
2 cuillère à soupe de crème fraîche,
20 g de beurre,
8 œufs,
sel et poivre.

Réalisation :

• Lavez et coupez le poivron en deux. Epépinez-le. Découpez-le en petits dés.

• Lavez et essuyez les courgettes. Coupez-les en petits dés.

• Faites chauffer 1 cuillère à soupe d'huile d'olive dans une poêle. Mettez-y les légumes à fondre doucement pendant environ 15 minutes. Remuez souvent. Salez et poivrez.

• Faites fondre le beurre dans une casserole à fond épais. Cassez-y les œufs et faites-les cuire à feu doux en remuant sans cesse avec une cuillère en bois. Salez et poivrez. Quand les œufs sont pris, retirez du feu et ajoutez la crème. Remuez encore brièvement.

• Répartissez les œufs en couronne dans les assiettes chaudes et garnissez leur centre avec les légumes. Servez aussitôt, bien chaud.

Les œufs frits à la manière d'Escualdanac

Ingrédients pour 6 personnes :

3 aubergines,
sel,
huile d'olive,
pâte à crêpes (facultative),
coulis de tomates,
12 œufs,
3 tranches de jambon de Bayonne,
persil.

Réalisation :

• Lavez les aubergines et découpez-les en rondelles. Placez-les dans un plat creux et saupoudrez-les de sel. Faites-les dégorger pendant 30 minutes, en inclinant légèrement le plat pour que leur eau s'écoule sans revenir sur elles.

• Rincez les aubergines et séchez-les bien. Faites-les frire à l'huile d'olive (vous pouvez choisir de les tremper dans une pâte à crêpe avant de les plonger dans la friture). Quand elles seront bien dorées, égouttez-les très soigneusement et placez-les sur du papier absorbant. Tenez-les au chaud.

• Faites chauffer doucement le coulis. Faites frire les œufs dans une poêle abondamment garnie d'huile d'olive. Coupez les tranches de jambon en deux et passez-les rapidement à la poêle.

• Disposez un lit de coulis de tomates sur des assiettes chaudes. Mettez ensuite dans chaque assiette et sur ce lit la demi-tranche de jambon et deux œufs. Entourez d'aubergines. Saupoudrez de persil haché et servez aussitôt.

Vin conseillé : un Chinon.

Escualdanac *est le nom basque du Pays Basque. Sept provinces composent la totalité du Pays Basque : Labourd, Basse-Navarre et Soule côté français (département des Pyrénées-Atlantiques) et Biscaye, Alava, Guipúacoa, Navarre côté espagnol.*

L'omelette Basquaise

Ingrédients pour 4 personnes :

2 poivrons verts ou jaunes,
huile d'olive
20 g de beurre,
6 œufs,
4 tomates,
thym, laurier, persil,
1/2 piment vert,
1 oignon,
1 gousse d'ail,
sel et poivre.

Réalisation :

• Pelez les poivrons (après les avoir fait griller au four, enveloppez-les quelques instants dans du papier, ce qui vous aidera à les peler plus facilement). Epépinez-les et coupez-les en fines lanières. Epépinez et coupez le piment en lanières. Mettez le tout à cuire doucement à la poêle, dans une cuillère à soupe d'huile d'olive.

• Pelez et hachez l'oignon et l'ail. Pelez et épépinez les tomates. Coupez-les en morceaux. Faites dorer l'oignon et l'ail dans un peu d'huile. Ajoutez les tomates, le thym effeuillé, le laurier. Salez et poivrez. Laissez cuire quelques minutes puis mélangez avec les poivrons. Laissez cuire encore un peu.

• Battez les œufs en omelette. Salez et poivrez. Faites fondre le beurre dans une poêle. Versez les œufs quand le beurre est bien chaud et laissez cuire en omelette. Quand elle est cuite, glissez-la sur un plat de service préalablement chauffé et nappez-la de la préparation aux poivrons et tomates. Repliez-la en deux. Saupoudrez de persil haché.

• Servez aussitôt.

Vin conseillé : un Médoc

L'omelette de Basse-Navarre

Ingrédients pour 4 personnes :

2 oignons,
1 gros poivron vert,
2 tomates,
6 œufs,
huile d'olive,
sel et poivre.

Réalisation :

• Epluchez l'oignon et découpez-le en rouelles. Faites frire ces rouelles à la poêle dans un peu d'huile.

• Epluchez et épépinez les tomates. Concassez-les. Faites-les revenir à la poêle dans un peu d'huile jusqu'à ce qu'elles aient rendu leur jus.

• Epluchez le poivron (passez-le à la flamme, entourez-le d'un papier journal et attendez quelques instants ; la peau partira facilement). Epépinez-le et découpez-le en lanières que vous ferez frire à la poêle dans un peu d'huile.

• Battez les œufs en omelette. Salez et poivrez.

• Graissez une poêle à l'huile d'olive. Jetez-y les œufs et laissez cuire jusqu'à ce que l'omelette soit cuite du premier côté. Retournez-la et laissez-la cuire de l'autre côté.

• Servez-la sur un plat chaud, pliée en deux et farcie des tomates, oignons et poivrons.

Vin conseillé : un Beaujolais.

Les dorades biarrottes

Ingrédients pour 6 personnes :

3 dorades grises,
9 branches de basilic,
6 fleurs de fenouil
+ une branche,
3 dl de vin blanc sec,
papier sulfurisé,
1 citron,
pommes de terre,
8 échalotes,
4 gousses d'ail,
huile d'olive,
3 branches d'estragon,
5 branches de thym,
3 feuilles de laurier,
persil.

Réalisation :

• Faites préparer vos dorades par le poissonnier et incisez-les sur les deux faces pour faciliter leur cuisson.

• Hachez le basilic, les fleurs de fenouil, l'estragon. Effeuillez 3 branches de thym. Coupez 2 feuilles de laurier en petits morceaux. Hachez 3 branches de persil. Mélangez le tout et farcissez-en les dorades.

• Epluchez les échalotes et l'ail et hachez-les grossièrement. Faites-les revenir à la poêle dans de l'huile d'olive sans les laisser colorer. Ajoutez-leur le reste du thym effeuillé, la feuille de laurier restante, la branche de fenouil. Mouillez avec le vin blanc. Amenez à ébullition et versez le tout dans un plat à four. Posez les dorades sur ce lit et faites cuire à four moyen pendant 35 à 40 minutes selon la grosseur des dorades. A mi-cuisson recouvrez le plat avec un papier sulfurisé.

• Epluchez les pommes de terre et faites-les cuire à la vapeur.

• Servez les dorades sur un plat de service préalablement chauffé, entourées de tranches de citron et saupoudrées de persil haché, accompagnées des pommes vapeur présentées à part et saupoudrées également de persil haché.

Vin conseillé : un blanc d'Alsace comme l'Edelzwicker.

La dorade donostiara

Ingrédients pour 4 personnes :

1 dorade grise,
vinaigre,
huile d'olive,
1 piment,
3 gousses d'ail.

Réalisation :

• Ouvrez le piment en deux et épépinez-le. Hachez-le finement. Epluchez les gousses d'ail et hachez-les finement. Placez le tout dans un petit pot et arrosez de 2 cuillères à soupe de vinaigre ainsi que d'un décilitre d'huile. Laissez mariner 2 à 3 heures.

• Nettoyez la dorade. Essuyez-la bien. Placez-la sur un grill bien chaud (ou sous le grill du four) et faites-la dorer des deux côtés.

• Ouvrez-la en deux. Enlevez l'arrête centrale. Arrosez avec l'huile au piment et servez aussitôt.

Vin conseillé : un Vouvray

Vous pouvez également faire cuire le piment et l'ail dans l'huile et le vinaigre ; ceci évite le temps de marinade. Dans ce cas, versez chaud sur la dorade.

6°

La morue à la Montijo

Ingrédients pour 6 personnes :

600 g de morue,
1 feuille de laurier,
poivre en grains, muscade,
500 g d'épinards cuits,
80 g de beurre,
1 cuillère à soupe de farine,
1/4 de litre de lait,
1 œuf,
20 g de chapelure,
1 cuillère à soupe de Parmesan ou de Gruyère râpé.

Réalisation :

• La veille, faites dessaler la morue.
• Mettez la morue à cuire 20 minutes dans 2 litres d'eau parfumée avec le laurier et 8 grains de poivre. Ne laissez pas bouillir.
• Hachez les épinards déjà cuits et faites-les sauter dans 30 g de beurre. Laissez cuire 5 minutes en tournant de temps à autre.
• Egouttez la morue. Ôtez sa peau et ses arêtes puis hachez-la.
• Dans une casserole, faites fondre 40 g de beurre. Ajoutez la farine et mouillez avec le lait. Tournez sur feu doux jusqu'à ébullition. Poivrez et ajoutez un peu de muscade. Ajoutez, hors du feu, les épinards et la morue. Mélangez bien et ajoutez un jaune d'œuf.
• Beurrez un plat à gratin avec ce qu'il reste de beurre. Déposez-y le mélange précédent. Saupoudrez de chapelure et de Parmesan ou de Gruyère puis cuisez à four chaud, th. 7 (210° C) pendant 15 minutes.
• Servez très chaud dans le plat de cuisson

Vin conseillé : Gros Plant du pays nantais.

Petit port de pêche et de chasse à la baleine, Biarritz se vit brusquement propulsée au rang de station balnéaire des plus renommées. En 1854, l'impératrice Eugénie, épouse de Napoléon III, et Montijo de son nom de jeune-fille, lança Biarritz qui, dès lors, eut le privilège de recevoir nombre de têtes couronnées. Aujourd'hui encore existe l'hôtel du Palais qui était la résidence d'été de l'impératrice.

Le thon à la Basquaise ou Marmitako

Ingrédients pour 4 personnes :

2 poivrons verts,
jaunes ou rouges,
1 gousse d'ail,
1 grosse tranche de thon frais
ou 4 petites tranches de thon blanc,
4 tomates,
thym, laurier, persil,
huile d'olive,
riz ou courgettes,
1/2 piment vert,
1 oignon,
sel et poivre.

Réalisation :

• Pelez les poivrons (grillez-les au four puis enveloppez-les quelques instants dans du papier afin de les peler plus facilement). Epépinez-les et coupez-les en fines lanières. Epépinez et coupez le piment en lanières. Mettez le tout à cuire doucement à la poêle, dans une cuillère à soupe d'huile.

• Pelez et hachez oignon et ail. Pelez et épépinez les tomates. Coupez-les en morceaux. Faites fondre oignon et ail dans un peu d'huile. Ajoutez les tomates, du thym effeuillé, une feuille de laurier et du persil haché. Salez et poivrez. Laissez cuire quelques instants et mélangez à la préparation précédente.

• Retirez la peau du thon et coupez-le en dés si vous avez choisi la grosse tranche ; sinon laissez les petites tranches entières. Faites revenir ces dés ou tranches de poisson, à l'huile d'olive dans une sauteuse pendant environ 2 minutes. Quand ils sont dorés, salez-les et poivrez-les. Ajoutez la préparation aux poivrons et tomates. Mélangez bien et laissez cuire encore 5 minutes.

• Placez dans un récipient en terre allant au four et passez à four très chaud pendant 5 minutes.

• Servez très chaud, dans des assiettes individuelles ou dans le récipient en terre, avec du riz blanc ou des courgettes coupées en dés et sautées à l'huile d'olive à la poêle.

Vin conseillé : Vin blanc ; un Edelswicker d'Alsace par exemple.

C'est le récipient en terre, le marmitako, sorte de cassolette qui donne son nom à ce plat.

Le thon est ***LE*** *poisson de Saint-Jean-de-Luz. Il y a sa fête au début du mois de juillet.*

La lotte comme à Bayonne

Ingrédients pour 4 personnes :

3 oignons,
6 cuillère à soupe d'huile d'olive,
1 kg de tomates,
1 kg de queue de lotte,
sucre en poudre,
piment d'Espelette en poudre,
1 poivron vert,
2 gousses d'ail,
sel.

Réalisation :

• Pelez et hachez les oignons. Mettez-les avec 3 cuillères d'huile dans une sauteuse. Couvrez et laissez cuire 30 minutes sur feu très doux sans découvrir, mais en secouant de temps en temps la sauteuse pour que les oignons n'attachent pas.

• Pelez, épépinez et coupez les tomates en quatre. Ajoutez-les aux oignons. Salez. Ajoutez une pincée de sucre et une pointe de piment. Laissez cuire.

• Coupez la lotte en 8 tronçons.

• Ouvrez et épépinez le poivron. Coupez-le en dés. Faites-le sauter à la poêle dans le reste d'huile, en compagnie d'une gousse d'ail pelée et hachée. Au bout de 5 minutes, retirez ail et poivron de la poêle. Remplacez par la lotte que vous aurez d'abord salée et poivrée. Faites cuire 4 minutes sur chaque face. Lorsque vous retournerez les morceaux, ajoutez la seconde gousse d'ail pelée et écrasée.

• Versez la fondue de tomates dans le plat de service bien chaud. Disposez dessus les morceaux de lotte. Garnissez chaque tranche de poisson avec le poivron. Servez aussitôt.

Vin conseillé : vin blanc.

Centre de production d'armes blanches, Bayonne vit vers 1650 l'invention d'une sorte de pointe ou de dague comportant à l'origine un manche destiné à rentrer dans le canon du mousquet : la baïonnette était née !

Le merlu koskerea

Ingrédients pour 6 personnes :

6 tranches de merlu,
huile d'olive,
persil,
thym et laurier,
5 gousses d'ail,
5 piments d'Espelette,
papier d'aluminium,
18 moules,
350 g de petits pois écossés,
2 œufs,
12 croûtons.

Réalisation :

• Faites mariner les tranches de merlu couvertes et au frais pendant 3 ou 4 heures dans un mélange d'huile d'olive, de persil haché (environ 2 cuillères à soupe), de thym effeuillé, de laurier coupé en petits morceaux (1 feuille), de 3 gousses d'ail hachées et de 3 piments également hachés.

• Faites cuire les œufs au dur et écalez-les. Faites cuire les petits pois à l'eau bouillante salée. Egouttez.

• Hachez les gousses d'ail restantes et saupoudrez-en le fond d'un plat à four. Placez dessus les tranches de poisson. Arrosez de la marinade. Couvrez le plat d'un papier d'aluminium et cuisez à four chaud pendant 15 minutes.

• Faites ouvrir les moules dans une casserole couverte et à feu moyen. Enlevez-les de leurs coquilles. Coupez les piments restants en lanières.

• Placez les petits pois, les moules et les piments autour du poisson. Remettez au four quelques instants pour que le tout soit bien chaud.

• Coupez les œufs en rondelles et faites frire les croûtons à l'huile d'olive. Dès que le poisson et son accompagnement sont bien chauds, sortez le plat du four et décorez-le avec les œufs et les croûtons. Servez aussitôt.

Vin conseillé : un Château-Chalon.

Le ttoro

Ingrédients pour 4 personnes :

1 carotte,
1 branche de céleri,
1 oignon,
huile,
2 grondins,
1 tête de congre,
500 g de congre,
400 g de lotte,
1 bouquet garni,
ail,
1 poivron rouge,
1 piment rouge,
pain,
farine,
3 tomates,
1 litre de moules,
8 langoustines,
1/2 litre de vin blanc,
persil ou cerfeuil,
sel et poivre.

Réalisation :

• Epluchez et lavez la carotte et le céleri puis émincez-les finement. Pelez et hachez l'oignon. Faites revenir le tout dans un peu d'huile à la poêle.

• Nettoyez les poissons. Découpez le morceau de congre et la lotte en tranches. Ôtez les têtes des grondins et réservez-les avec la tête de congre. Nettoyez les moules et rincez les langoustines. Epépinez le poivron et le piment et découpez-les en morceaux. Pelez et épépinez les tomates puis concassez-les.

• Préparez un fumet : mettez les têtes des poissons dans une sauteuse avec un peu d'huile et laissez-les suer pendant 2 à 3 minutes. Mouillez avec le vin blanc et un litre et demi d'eau. Ajoutez le bouquet garni, le poivron et le piment. Salez, poivrez et laissez cuire à couvert pendant 45 minutes.

• Farinez les tranches de poisson. Faites chauffer de l'huile dans un poêlon et faites-y revenir doucement les morceaux de poisson. Ajoutez les tomates et laissez cuire 3 minutes. Ajoutez alors moules et langoustines. Passez le fumet au chinois et versez-le dans le poêlon. Couvrez et laissez mijoter 8 minutes à partir de la reprise de l'ébullition.

• Découpez le pain en petits croûtons et frottez ceux-ci à l'ail. Faites frire dans l'huile à la poêle. Ciselez le persil ou le cerfeuil et parsemez-en le dessus du ttoro. Au dernier moment, ajoutez les croûtons et servez aussitôt pour que ces derniers restent bien croquants.

Vin conseillé : un rosé de Provence.

*La pêche est une activité très ancienne au Pays Basque et on aime à y déguster le " **ttoro de Socoa** ", qui est une soupe aussi célèbre que la bouillabaisse et dont il existe de nombreuses variantes. Néanmoins, elle comprend toujours et impérativement des moules, du grondin, du vin blanc sec, des tomates et des poivrons. Surtout, elle est assaisonnée de piment fort qui en relève le goût et la très particulière saveur.*

Les truites au jambon de Bayonne

Ingrédients pour 4 personnes :

parures de poisson,
1 oignon,
2 clous de girofle,
2,5 dl de vin blanc sec,
thym, laurier,
persil,
4 truites,
6 tranches de jambon de Bayonne,
150 g de beurre,
8 gros champignons,
farine,
100 g de crème fraîche,
ail,
sel et poivre.

Réalisation :

• Préparez le fumet : placez dans une casserole les parures de poisson, l'oignon épluché et émincé, les clous de girofle, le thym et le laurier, le sel et le poivre. Couvrez de 2 dl de vin blanc et de 2 dl d'eau. Laissez réduire sur feux doux pendant environ 20 minutes et filtrez.
• Enroulez chaque truite dans une tranche de jambon. Faites-les revenir à la poêle dans 100 g de beurre chaud. Mouillez ensuite avec 1/2 dl de vin blanc et 1 dl de fumet.
• Epluchez, lavez et coupez les champignons en lamelles. Coupez les tranches de jambon restantes en bâtonnets. Faites revenir le tout à la poêle dans 20 g de beurre.
• Placez les truites dans un plat à four. Ajoutez la préparation aux champignons et jambon. Placez à four tiède.
• Faites réduire légèrement la sauce des truites. Maniez le beurre restant avec 1 cuillère à café de farine et liez-en la sauce en tournant sur feu doux. Ajoutez alors la crème et laissez chauffer sans bouillir.
• Servez les truites nappées de cette sauce et saupoudrées d'un hachis d'ail et de persil.

Vin conseillé : un Sancerre.

Si vous avez le bonheur de trouver de petits saumons de fontaine pour remplacer les truites, n'hésitez pas ! Leur goût est beaucoup plus fin que celui des truites... sauf si vous pêchez celles-ci vous-même !

BAYONNE

Les chipirons à la Bayonnaise ou Xipiroia

Ingrédients pour 4 personnes :

8 chipirons,
1 tranche épaisse de jambon de Bayonne,
1 piment d'Espelette,
thym, laurier, persil,
6 tomates,
2 oignons,
3 gousses d'ail,
1 petit verre de vin blanc.

Réalisation :

• Videz les chipirons. Rincez-les soigneusement puis séchez-les. Séparez-les de leurs tentacules.

• Hachez ces tentacules. Joignez-les au jambon également haché ainsi qu'à l'ail et aux oignons finement émincés. Faites revenir ce hachis à la poêle et dans de l'huile d'olive pendant environ 5 minutes, puis farcissez-en les chipirons. Cousez l'extrémité des chipirons ou maintenez-la fermée avec un cure-dent en bois.

• Pelez et épépinez les tomates. Coupez-les en petits dés et mettez-les à fondre à feu doux dans un peu d'huile d'olive pendant 1/4 d'heure. Ajoutez le bouquet garni, du sel et du poivre, le piment découpé en petits morceaux et le vin blanc.

• Disposez les chipirons dans un plat à four. Versez dessus la sauce tomate et cuisez au four th. 5 (150° C) pendant 1 heure environ, jusqu'à ce que les chipirons soient tendres.

• Servez bien chaud.

Vin conseillé : un Médoc blanc.

Les chipirons sont des calamars. Quand ils sont trop petits pour être farcis, on les prépare également ici " à la Madrilène " avec oignons, tomates, poivrons, ail et huile d'olive.

Les chipirons à la Basquaise

Ingrédients pour 2 personnes :

1,5 kg de petits chipirons,
1 kg d'oignons,
5 gousses d'ail,
huile d'olive,
un peu de bouillon,
sel et poivre.

Réalisation :

• Videz les chipirons et gardez-leur encre. Coupez-les en petits morceaux.

• Pelez et émincez les oignons. Mettez-les à fondre dans une grande casserole dans 5 cuillères d'huile d'olive. Ajoutez l'ail pelé et haché.

• Quand tout a pris couleur, ajoutez les chipirons.

• Délayez l'encre dans un petit verre de bouillon. Salez et poivrez puis arrosez-en les chipirons. Laissez cuire 1 heure 30 à couvert.

• Servez très chaud.

Vin conseillé : un Mâcon.

VOLAILLES, VIANDES ET GARNITURES

Le poulet basquaise

Ingrédients pour 4 personnes :

1 poulet,
sel et poivre,
farine,
ail,
graisse d'oie,
4 tomates,
6 piments verts,
125 g de jambon de Bayonne,
1/2 dl de vin blanc,
200 g de riz.

Réalisation :

• Découpez le poulet en morceaux. Salez-les, poivrez-les et farinez-les.

• Frottez une cocotte en fonte avec de l'ail et faites-y chauffer la graisse d'oie (environ 2 cuillères à soupe). Mettez les morceaux de poulet à dorer.

• Lavez, pelez et épépinez les tomates. Concassez-les. Lavez et épépinez les piments puis coupez-les en lanières. Coupez le jambon en petits dés. Dès que le poulet est bien doré, ajoutez tomates, piments et jambon. Mouillez avec le vin blanc. Couvrez et laissez cuire sur le feu pendant 30 minutes, ou bien placez la cocotte au four et laissez cuire le même temps.

• Faites cuire le riz à l'eau bouillante salée selon la méthode habituelle. Egouttez.

• Chauffez un plat de service. Disposez-y les morceaux de poulet et tenez au chaud. Laissez épaissir la sauce du poulet sur feu doux jusqu'à ce qu'elle nappe une cuillère. Versez la sauce sur les morceaux de poulet et servez accompagné du riz blanc.

Vin conseillé : le même vin blanc qui a servi à confectionner le plat.

Si vous n'aimez pas les piments, remplacez-les par des poivrons verts, mais le goût de votre poulet sera très différent. D'autant plus que les " piments verts " du Pays Basque sont des piments doux d'Anglet qui donnent aux mets une saveur particulière que l'on ne retrouve pas dans le poivron ni dans d'autres variétés de piments verts. Vous pouvez utiliser aussi des découpes de poulet (cuisses, blancs…) plutôt qu'une volaille entière.

Le poulet Gachucha

Ingrédients pour 4 personnes :

2 poivrons verts,
1 oignon,
huile,
4 tomates,
riz,
1 gousse d'ail,
25 cl de bouillon de volaille,
1 poulet,
sel et poivre.

Réalisation :

• Epépinez les poivrons et découpez-les en lamelles. Pelez l'oignon et coupez-le en rondelles. Coupez le poulet en morceaux.

• Faites dorer les morceaux de poulet à l'huile et dans une cocotte. Salez, poivrez. Quand le poulet est bien doré, retirez-le de la cocotte et tenez-le au chaud.

• Mettez l'oignon et les poivrons dans la cocotte. Laissez-les fondre à feu doux pendant 10 minutes. Salez et poivrez.

• Coupez les tomates en deux. Faites bouillir le bouillon. Remettez le poulet dans la cocotte sur le lit d'oignon et de poivrons. Ajoutez l'ail épluché et écrasé. Mouillez avec le bouillon. Ajoutez les tomates. Couvrez et laissez cuire doucement pendant 50 minutes.

• Servez brûlant, accompagné de riz créole.

Vin conseillé : Irouléguy.

L'Irouléguy est un rouge chaleureux et fruité, légèrement corsé qui doit être bu jeune (2 à 3 ans) et servi à 14 ou 15° C. Sa zone de production est protégée par un label créé sous l'impulsion des producteurs de la région de Saint-Etienne-de-Baïgorry.

Le poulet en croûte de sel de Bayonne

Ingrédients pour 6 personnes :

1 gros poulet,
papier sulfurisé,
2 branches de thym,
6 gousses d'ail,
4 kg de gros sel de Bayonne,
1 jaune d'œuf,
20 cl de bouillon de volaille,
1 cuillère à soupe de Patxaran ou d'Izarra,
2 cuillères à soupe de moutarde,
2 cuillères à soupe de vin blanc,
2 cuillères à soupe de crème fraîche,
sel et poivre.

Réalisation :

• Préchauffez votre four réglé sur th. 9 (270° C). Tapissez le fond d'une terrine ou d'une cocotte en fonte avec du papier sulfurisé. Placez les branches de thym et les gousses d'ail entières et non épluchées à l'intérieur du poulet. Obturez l'ouverture avec du papier ou cousez-la pour que le gros sel n'y pénètre pas. Posez le poulet dans la cocotte, sur la poitrine. Versez le gros sel autour et sur le poulet de manière à ce qu'il soit entièrement recouvert. Tassez le sel et ajoutez quelques gouttes d'eau. Placez le couvercle et enfournez pour 1 heure 30.

• Mélangez le jaune d'œuf avec la moutarde. Ajoutez, goutte-à-goutte la liqueur d'Izarra ou de Patxaran. Réchauffez le bouillon de volaille et faites le réduire de moitié. Ajoutez le vin blanc et la crème et faites encore réduire un peu. Hors du feu et en fouettant très vivement, incorporez le mélange moutarde/œuf/liqueur. Remettez sur le feu pour un bref instant, en fouettant toujours, et juste le temps que le mélange épaississe. Veillez surtout à ne pas laisser bouillir. Salez et poivrez.

• Démoulez le poulet sur une planche ou un plan de travail et cassez la coque de sel au marteau pour dégager le poulet. Retirez tout le gros sel qui a pu coller à la peau.

• Servez ce poulet sur un plat de service préalablement chauffé avec la sauce en saucière.

Vin conseillé : un vin blanc ou un vin rouge.

Authentique et pur, le sel de Bayonne, a été préservé au cœur de la terre depuis des milliers d'années. A la fois croquant et fondant, il a du caractère et de la puissance. Gros sel ou sel fin, il ajoute à la cuisine un accent raffiné et multiplie la saveur des mets sans la dissimuler, la révélant, l'accompagnant, la mettant en valeur.

Attention de ne pas vous brûler en enlevant la croûte de sel. C'est redoutable !

Les suprêmes de pintade aux pommes de terre et aux cèpes

Ingrédients pour 4 personnes :

4 suprêmes de pintade (blanc et premier morceau l'aile, le tout formant une sorte de côtelette)
huile d'olive,
4 cuillères à soupe de crème fraîche,
500 g de pommes de terre,
500 gr de cèpes,
piment en poudre,
sel et poivre.

Réalisation :

• Faites dorer les suprêmes de pintade dans de l'huile d'olive et à la poêle. Baissez un peu le feu et laissez cuire doucement en tournant de temps à autre.

• Pendant ce temps, pelez les pommes de terre et coupez-les en carrés. Epluchez les cèpes et coupez-les en morceaux. Faites dorer les pommes de terre dans de l'huile d'olive et à la poêle. Ajoutez les cèpes et laissez cuire jusqu'à ce que tout soit bien doré (les champignons vont rendre un peu d'eau qui parfumera les pommes de terre). Saupoudrez de piment selon vos goûts.

• Salez et poivrez les suprêmes. Ajoutez la crème et laissez cuire encore quelques instants.

• Placez les suprêmes sur un plat rond bien chaud en les disposant de façon à ce que les bouts des ailes soient tournés vers l'extérieur et en laissant un espace entre chaque suprême. Dans cet espace disposez les pommes de terre et les cèpes. Arrosez avec la sauce des suprêmes et servez aussitôt ce plat de rêve !

Vin conseillé : Vin blanc Aligoté de Bourgogne.

Le magret de canard de l'etxea

Ingrédients pour 4 personnes :

1 beau magret de canard,
500 g de pommes de terre,
thym,
huile,
500 g de cèpes,
sel et poivre.

Réalisation :

• Entaillez la peau du magret de canard et placez-le dans une poêle bien chaude légèrement huilée. Couvrez et laissez cuire doucement à l'unilatérale (c'est-à-dire sans tourner le magret) pendant environ 30 minutes (le temps de cuisson dépend de vos goûts, - si vous aimez le magret bien cuit au rosé -, et de son épaisseur).

• Pelez les pommes de terre, lavez-les, essuyez-les et découpez-les en carrés. Epluchez les cèpes et coupez-les en morceaux. Faites revenir les cèpes à la poêle dans un peu d'huile, jusqu'à ce qu'ils aient rendu toute leur eau. Retirez-les et tenez-les au chaud. Remettez un peu d'huile dans la poêle et faites-y sauter les pommes de terre. Quand elles sont tendres, ajoutez les cèpes.

• Salez et poivrez le magret. Saupoudrez-le de feuilles de thym. Laissez cuire encore 5 petites minutes puis retirez-le de la poêle. Découpez-le.

• Placez-le au centre d'un plat préalablement chauffé. Entourez des pommes de terre et des cèpes et servez aussitôt.

Vin conseillé : un Saint-Emilion.

Confit ou magret, le canard figure volontiers sur la table basque. Pots de grès ou bocaux en verre gardent au premier toute sa saveur pendant que l'autre cuit doucement sur sa peau entaillée. L'un et l'autre apprécient une garniture de pommes de terre et de cèpes, mais le second ne dédaigne pas de se retrouver en compagnie de quelques fruits : poires, pommes, figues, raisins…

L'etxea est la maison traditionnelle basque qui, avec sa façade blanche, ses boiseries peintes en rouge ou en vert et son toit à double pente, s'intègre merveilleusement dans le paysage.

DASSARY

Le lapin de Ramuntcho

Ingrédients pour 5 personnes :

1 lapin,
2 oignons,
4 gousses d'ail,
vin blanc,
huile d'olive,
5 tomates,
2 poivrons verts,
2 piments d'Espelette secs,
sel et poivre.

Réalisation :

• Coupez le lapin en morceaux. Mettez ceux-ci à dorer dans une cocotte avec de l'huile d'olive.

• Pelez et émincez les oignons. Pelez les gousses d'ail et écrasez-les. Ajoutez le tout au lapin et laissez cuire à couvert pendant 5 minutes afin que la viande s'imprègne des odeurs d'ail et d'oignons.

• Lavez tomates et poivrons. Coupez les tomates en quartiers et les poivrons en lanières. Ajoutez au lapin et laissez de nouveau cuire pendant 5 minutes à couvert.

• Salez et poivrez. Ajoutez les piments entiers. Mouillez avec un grand verre de vin. Couvrez et laissez mijoter pendant 3/4 d'heure à 1 heure selon la grosseur du lapin. Rajoutez un peu de vin si la sauce vient à s'épuiser.

• Disposez le lapin sur un plat de service bien chaud. Entourez des légumes et arrosez avec le jus. Servez aussitôt.

Vin conseillé : le même vin blanc qui a servi à faire le délicieux lapin.

Vous pouvez servir ce plat accompagné d'un riz blanc. Si vous utilisez de petites tomates, doublez leur nombre et laissez-les entières.

" Ramuntcho, c'est le roi de la montagne ! " Vous souvenez-vous d'André Dassary chantant cet air d'opérette ? Et de la salle entière reprenant avec lui : " Et l'écho répond : aime... ", quand Ramuntcho appelle sa compagne du haut des sommets pyrénéens pour lui déclarer sa flamme. Une belle Gachucha qui inventa sans doute cette recette pour les beaux yeux – et surtout les papilles ! – de son amoureux !

Le jambon de Bayonne aux oignons

Ingrédients pour 4 personnes :

2 cuillères à soupe de concentré de tomates,
1 cuillère à soupe de sucre,
1/2 dl de vinaigre,
1 noix de beurre,
400 g d'oignons,
2 cuillères à soupe d'huile,
8 tranches de jambon de Bayonne,
1 verre de vin blanc,
sel et poivre.

Réalisation :

• Epluchez et émincez les oignons. Faites-les revenir dans l'huile. Ajoutez le sucre et mouillez avec le vinaigre et le vin blanc. Salez et poivrez puis incorporez le concentré de tomates. Mélangez bien.

• Beurrez un plat à four. Placez-y les tranches de jambon. Faites-les cuire quelques minutes à four tiède, juste le temps de les réchauffer.

• Dressez les tranches de jambon sur un plat de service. Entourez de la garniture d'oignons. Servez aussitôt.

Vin conseillé : un Gamay de Touraine.

Le rôti de porc à la mode d'Espelette

Ingrédients pour 4 personnes :

2 gousses d'ail,
1 rôti de porc dans le filet,
1 kg de tomates,
12 piments verts,
huile d'olive,
sel et poivre.

Réalisation :

• Pelez et écrasez les gousses d'ail. Frottez-en le rôti en le massant jusqu'à ce que les gousses soient épuisées. Saupoudrez un plan de travail de sel et de poivre et roulez-y le rôti.

• Réglez votre four sur th. 8 (250° C) et faites-le bien préchauffer car il faut qu'il soit vraiment très chaud pour accueillir le rôti.

• Placez la viande dans un plat à four avec quelques cuillères d'eau. Enfournez pour un quart d'heure puis réglez le four sur th. 5 (175° C) et comptez alors 1 heure de cuisson.

• Lavez et essuyez les piments. Epépinez-les, coupez-les en lanières et faites-les revenir doucement à la poêle couverte, dans un mélange d'huile et de sel, jusqu'à ce qu'ils soient tendres.

• Lavez et essuyez les tomates. Fendez-les en croix et ajoutez-les autour du rôti 1/4 d'heure avant la fin de sa cuisson. Ajoutez les piments quelques instants seulement avant la fin de la cuisson.

• Ôtez la ficelle du rôti, placez-le sur un plat de service, entouré des tomates et des piments. Arrosez d'un peu de son jus de cuisson et servez sans attendre.

Vin conseillé : un Bourgogne.

Le rôti de porc à la Basquaise

Ingrédients pour 6 personnes :

1 kg de rôti de porc,
1 1/2 litre de lait,
4 gousses d'ail,
100 g de beurre,
pommes de terre,
sel et poivre.

Réalisation :

• Epluchez l'ail et découpez-la en éclats dont vous piquerez le rôti.

• Faites fondre 50 g de beurre dans une cocotte et mettez-y le rôti à dorer sur toutes ses faces.

• Faites bouillir le lait et arrosez-en le rôti. Il faut qu'il le couvre à hauteur. Salez et poivrez. Laissez cuire très doucement pendant 1 heure 1/4. Le lait doit réduire et former une sauce onctueuse.

• Pelez les pommes de terre et faites-les cuire à l'eau bouillante salée. Passez-les au presse-purée et ajoutez-leur 50 g de beurre et suffisamment de lait pour en faire une purée bien souple.

• Posez le rôti sur un plat de service bien chaud. Nappez-le de sa sauce et entourez-le de la purée. Servez aussitôt

Vin conseillé : un Vin d'Anjou.

L'axoa

Ingrédients pour 4 personnes :

750 g de poitrine d'agneau,
1 piment ou de la poudre de piment,
1 tranche épaisse de jambon de Bayonne avec son gras,
4 gousses d'ail,
4 oignons,
huile d'olive,
riz ou pâtes ou pain,
poivre.

Réalisation :

• Emincez la poitrine d'agneau. Pelez et émincez les oignons et l'ail. Découpez le gras et le maigre du jambon en petits dés. Hachez le piment.

• Mettez 2 cuillères à soupe d'huile d'olive dans une cocotte et faites-y revenir le gras de jambon. Ajoutez les oignons. Quand ils commencent à prendre couleur, ajoutez l'agneau. Laissez dorer quelques instants puis ajoutez les dés de jambon. Saupoudrez d'ail, de poivre et de piment. Couvrez et laissez cuire environ 1 heure en tournant souvent à la cuillère de bois.

• Placez l'axoa dans un plat chaud et servez avec du riz, des pâtes ou du pain frais ou grillé.

Vin conseillé : un Pauillac.

L'axoa se confectionne avec du bœuf, du veau ou de l'agneau. En basque l'agneau se nomme axuria.

Le zikiro

Ingrédients pour 6 ou 8 personnes :

gigot ou poitrine d'agneau ou de mouton,
3 piments ou piment en poudre,
tomates,
huile d'olive,
8 gousses d'ail,
vinaigre,
eau,
poivre.

Réalisation :

• Pelez 6 gousses d'ail et émincez-les. Hachez 2 piments. Versez 0,5 dl de vinaigre dans 1 dl d'eau. Ajoutez l'ail, les piments et le poivre. Laissez macérer pendant 1 heure.

• Découpez l'agneau ou le mouton en tranches épaisses.

• Placez les tranches de viande sur un gril et faites cuire soit au feu de bois, soit sous le gril du four. Badigeonnez avec l'eau vinaigrée autant de fois que nécessaire pour l'utiliser complètement. Retournez les tranches de viande de temps à autre jusqu'à ce qu'elles soient bien grillées.

• Pendant ce temps, pelez et hachez l'ail restant. Hachez le piment restant. Fendez les tomates en croix sans les séparer. Placez en leur centre de l'ail et du piment ainsi que quelques gouttes d'huile. Faites cuire à four chaud pendant environ 15 minutes.

Placez la viande sur un plat chaud. Entourez des tomates et servez.

Vin conseillé : vin blanc.

Ici nous donnons la recette du zikiro pour un nombre de personnes réduit et pour pouvoir le réaliser chez soi ; mais en fait ce plat est destiné à un grand nombre de convives puisqu'il s'agit d'une sorte de méchoui basque, le mouton ou l'agneau entier étant coupé en quatre quartiers et cuit en plein-air sur feu de bois, arrosé de cette eau vinaigrée, aillée, poivrée et pimentée qui lui donne un goût incomparable.

Le pot du cayolar

Ingrédients pour 4 personnes :
2 tranches très épaisses de lard de poitrine fumé,
1 chou vert ou blanc,
6 carottes,
750 g d'épaule de mouton ou d'agneau coupée en morceaux,
2 piments d'Espelette,
4 oignons,
4 pommes de terre,
1 bouquet garni,
4 gousses d'ail,
huile d'olive,
pain,
sel.

Réalisation :
- Découpez le lard en dés. Mettez-le à fondre dans un peu d'huile dans une marmite en fonte ou en terre. Ajoutez les morceaux de mouton. Faites-les dorer sur toutes leurs faces.
- Pelez les oignons et coupez-les en quatre. Pelez les gousses d'ail et laissez-les entières. Ajoutez le tout dans la marmite. Mouillez avec 2 litres d'eau et laissez cuire doucement à couvert pendant 35 minutes.
- Enlevez les premières feuilles du chou. Coupez les autres en deux ou trois et le cœur en quatre. Lavez le tout soigneusement et égouttez. Emincez feuilles et cœur et ajoutez-les dans la marmite.
- Grattez et lavez les carottes. Coupez-les en dés et ajoutez-les dans la marmite. Salez, adjoignez le bouquet garni. Epépinez le piment et hachez-le. Ajoutez dans la marmite. Couvrez et laissez mijoter encore 30 minutes.
- Pelez les pommes de terre et coupez-les en gros dés. Ajoutez dans la marmite et laissez cuire encore 20 à 25 minutes.
- Servez très chaud accompagné de pain frais.

Boisson conseillée : cidre brut du Pays Basque.

Vous pouvez aussi utiliser des tranches de lard plus fines et les laisser entières. Le bouquet garni doit comprendre toutes les herbes dont vous pouvez disposer : les habituels thym, laurier, persil mais aussi sarriette, sauge, estragon, romarin, céleri, thym-citron, mélisse, citronnelle… Il faut un maximum de parfums pour évoquer la montagne et les prairies !

Le cayolar est la cabane en pierre du berger basque. On y fabrique le fromage de brebis traditionnel et artisanal.

L'épaule de chevreau de Pâques

Ingrédients pour 6 personnes :

1 belle épaule de chevreau,
200 g de lardons fumés,
coriandre,
2 cuillères à soupe de crème fraîche,
1 verre de vin blanc,
1 kg de fèves,
huile d'olive et beurre,
quatre-épices,
piment,
sel.

Réalisation :

• Dans une cocotte faites chauffer un mélange à parts égales d'huile et de beurre. Ajoutez la moitié des lardons et faites-leur prendre couleur. Ôtez-les de la cocotte et remplacez-les par l'épaule de chevreau. Laissez-la dorer. Saupoudrez alors d'un peu de quatre-épices et de piment. Remettez les lardons. Mouillez avec le vin blanc. Couvrez et laissez cuire doucement 3/4 d'heure à 1 heure selon la grosseur de l'épaule.

• Epluchez les fèves et faites-les cuire une demi-heure à l'eau bouillante salée. Egouttez.

• Dans une cocotte faites revenir le reste des lardons dans un mélange d'huile et de beurre. Ajoutez les fèves et saupoudrez de coriandre. Laissez cuire doucement à couvert et en remuant de temps à autre, pendant 20 minutes.

• Placez l'épaule sur le plat de service. Ajoutez à sa sauce les 2 cuillères de crème fraîche. Laissez réchauffer sans bouillir.

• Ajoutez les fèves sur le plat de service. Arrosez d'un peu de la sauce du chevreau et servez le reste de celle-ci en saucière.

Vin conseillé : un Gewürztraminer

Le sauté de veau au jambon de Bayonne ou Sukalki

Ingrédients pour 4 personnes :

800 g de veau,
3 tomates ou plusieurs petites,
250 g de champignons,
2 tranches épaisses de jambon de Bayonne,
2 oignons,
huile d'olive,
thym et laurier,
1 dl de vin blanc,
1 kg d'épinards ,
pain de campagne ou fleurons,
salade,
sel et poivre.

Réalisation :

• Découpez la viande en cubes. Faites rissoler à l'huile d'olive dans une cocotte en fonte.

• Pelez et épépinez les tomates et concassez-les ou, si vous utilisez de petites tomates, laissez-les entières. Nettoyez les champignons : gardez leurs têtes entières et coupez les queues en lamelles. Coupez le jambon en bâtonnets. Epluchez et hachez les oignons.

• Quand la viande est bien dorée, ajoutez-lui le jambon et les oignons, les tomates, du thym et du laurier, sel et poivre. Arrosez avec le vin blanc, couvrez et laissez cuire à feu doux pendant 1h 30. Ajoutez les champignons 30 minutes avant la fin de la cuisson.

• Faites cuire les épinards à l'eau bouillante salée. Egouttez bien et hachez-les. Coupez le pain en croûtons et faites frire ceux-ci à l'huile d'olive ou réchauffez les fleurons.

• Servez le veau dans sa cocotte de cuisson, accompagné des épinards placés dans un plat creux et entourés des croûtons ou des fleurons. Accompagnez d'une salade.

Vin conseillé : le même vin qui a servi à sa confection.

Le civet d'isard

Ingrédients pour 4 personnes :

1 kg de viande d'isard,
3 oignons,
1 tranche épaisse de jambon de Bayonne,
2 cuillères à soupe de concentré de tomate,
1 pot de cerises à l'eau de vie,
farine,
125 g de beurre,
1 gousse d'ail,
5 cuillères à soupe d'huile,
2 cuillères à soupe de farine,
1 bouteille d'Irouléguy,
croûtons,
thym, laurier, persil,
sel et poivre.

Réalisation :

• Pelez 1 oignon et la gousse d'ail. Emincez finement l'oignon et écrasez la gousse d'ail. Mélangez l'huile avec le concentré de tomate et 1 petit verre de l'eau de vie des cerises. Ajoutez ail et oignon, sel et poivre, thym et laurier. Découpez l'isard en morceaux et faites-le mariner dans la préparation précédente pendant 24 heures.

• Epluchez les 2 oignons restants et émincez-les. Coupez le jambon en petits dés. Faites fondre la moitié du beurre dans une cocotte et faites-y revenir jambon et oignons. Saupoudrez de la farine. Remuez et ajoutez les morceaux de viande bien égouttés. Tournez dans le mélange jambon/oignons/farine puis arrosez avec le vin et la marinade passée. Laissez cuire à couvert pendant 1 h 30.

• Ajoutez alors la moitié des cerises et laissez cuire encore quelques instants pour que la viande prenne le goût des fruits.

• Faites frire les croûtons dans le reste de beurre.

• Placez la viande et sa garniture dans un plat de service préalablement chauffé. Entourez des croûtons et des cerises restantes. Décorez avec un peu de persil. Servez avec la sauce en saucière.

Vin conseillé : Irouléguy.

A défaut d'isard, vous pouvez réaliser ce plat avec de la biche plus facilement trouvable... en époque de chasse, bien entendu.

Le sanglier à la Gorri le Diable

Ingrédients pour 4 personnes :

1 cuissot de sanglier,
1 cuillère à soupe de moutarde forte,
vin rouge d'Irouléguy,
1 cuillère à soupe de gelée de groseilles,
1,5 dl de crème fraîche,
3 cuillères à soupe de vinaigre de vin,
4 tranches de pain de campagne,
2 cuillères à soupe de vin rouge,
huile d'olive,
2 échalotes,
50 g de beurre,
2 gousses d'ail,
thym, laurier,
2 piments,
200 g de groseilles,
sel et poivre.

Réalisation :

• Faites revenir le sanglier dans de l'huile d'olive. Quand il est doré, ajoutez-lui 1 échalote pelée et émincée, 2 gousses d'ail également pelées et écrasées un piment épépiné et haché, du thym et du laurier, du sel et du poivre. Couvrez avec l'Irouléguy et laissez cuire à couvert pendant environ 1 h 30 puis découvrez pour laissez cuire pendant encore 30 minutes à feu très vif, de manière à ce qu'il n'y ait pratiquement plus de jus.
• Pelez et hachez l'autre échalote. Mettez-la dans une casserole à fond épais, sans matière grasse, pendant 5 minutes à feu très doux. Ajoutez le vinaigre et les deux cuillères à soupe de vin, du thym, le second piment épépiné et haché, du sel et du poivre. Donnez quelques bouillons et ajoutez la moutarde puis la crème fraîche. Laissez réduire légèrement sur feu doux.
• Faites chauffer le beurre dans une poêle et mettez-y les tranches de pain à dorer.
• Passez la sauce à la crème et ajoutez-lui la gelée de groseilles.
• Disposez le sanglier au centre d'un plat préalablement chauffé et nappez-le d'un peu de sauce à la crème. Décorez avec les tranches de pain sur lesquelles vous verserez un peu de sauce à la crème. Décorez avec les groseilles. Servez avec le reste de la sauce à la crème en saucière.

Vin conseillé : Irouléguy, bien entendu !

Sauce diabolique malgré la trompeuse douceur de la crème et du sucré de la gelée !

Vous rappelez-vous de ce feuilleton télévisé intitulé " Gorri le Diable ", dans lequel Michel Etcheverry jouait le rôle de ce Basque bondissant et Danièle Evenoux sa charmante fiancée ?

Le gras-double à la mode basque

Ingrédients pour 4 personnes :

1 kg de gras-double,
pommes de terre,
1 pied de veau coupé en deux,
500 g de lard de poitrine,
500 g de carottes,
1 clou de girofle,
2 cuillères de saindoux,
1 bouteille de vin blanc sec,
2 piments rouges,
persil,
4 gousses d'ail,
1 oignon,
papier sulfurisé,
2 poivrons,
2 œufs,
sel et poivre.

Réalisation :

• Placez le gras-double et le pied de veau dans une terrine. Arrosez-les d'eau bouillante puis égouttez-les. Découpez le gras-double en larges bandes.
• Détaillez le lard en lardons. Grattez et lavez les carottes puis découpez-les en petits morceaux. Pelez l'oignon et piquez-le d'un clou de girofle.
• Faites fondre 1 cuillère de saindoux dans une marmite en terre ou en fonte. Faites-y dorer le lard et ajoutez les carottes ainsi que l'oignon. Quand le tout a pris couleur, ajoutez le gras-double et le pied de veau. Mouillez avec un mélange composé de 2/3 de vin blanc et de 1/3 d'eau. Salez et poivrez. Découpez les piments en petits morceaux et ajoutez-les dans la marmite ainsi que les gousses d'ail pelées et le persil haché. Laissez bouillir pendant une demi-heure à feu vif. Couvrez alors d'un papier sulfurisé légèrement graissé au saindoux et placez dessus le couvercle de la marmite. Laissez mijoter tout doucement pendant 4 ou 5 heures.
• Pelez et lavez les pommes de terre. Faites-les cuire à l'eau salée pendant 25 minutes.
• Un peu avant la fin de la cuisson du gras-double, lavez et épépinez les poivrons puis découpez-les en fines lanières. Faites revenir celles-ci à la poêle dans un peu de saindoux.
• Battez les 2 jaunes d'œufs en omelette et liez-en la sauce du gras-double.
• Servez le gras-double dans un plat creux. Décorez des lanières de poivrons et accompagnez des pommes de terre servies à part.

Boissons conseillées : Irouléguy puisqu'il s'agit de cuisine basque, ou Beaujolais-Villages, ou encore du cidre brut du Pays Basque.

La langue à la sauce tomate

Ingrédients pour 6 personnes :

1 langue de bœuf cuite,
10 tomates,
poivre,
piment,
concentré de tomates,
1 morceau de sucre,
1/2 bouteilles de vin blanc,
huile d'olive.

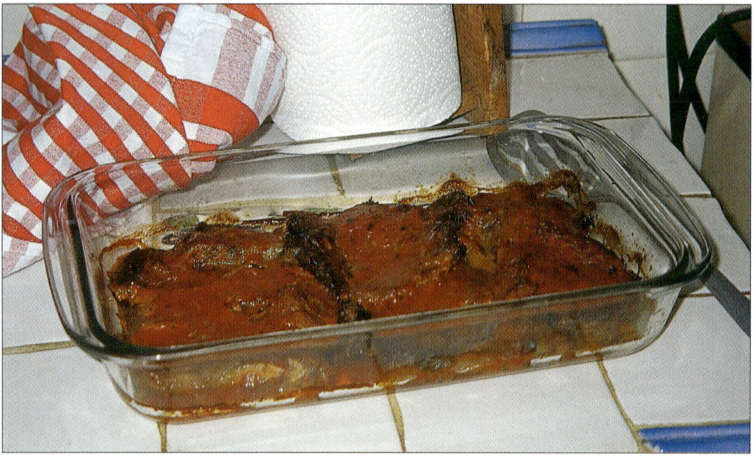

Réalisation :

• Pelez et épépinez les tomates. Coupez-les en morceaux et faites revenir ceux-ci dans une casserole avec un peu d'huile d'olive. Ajoutez un peu d'eau, le sucre. Laissez cuire doucement à couvert, en remuant souvent, jusqu'à ce que vous obteniez un coulis. Ajoutez alors 2 cuillères à soupe de concentré de tomates, du poivre et du piment et mélangez bien tout en délayant avec le vin blanc.

• Enlevez la peau de la langue et découpez celle-ci en grosses tranches. Rangez celles-ci dans un plat à gratin huilé. Versez la sauce tomate sur les tranches de langue.

• Laissez cuire au four th 7 pendant environ 3/4 d'heure, jusqu'à ce que le dessus du plat soit un peu gratiné.

• Servez très chaud.

Vin conseillé : un Madiran.

Le riz Gachucha

Ingrédients pour 6 personnes :

4 oignons,
250 g d'olives vertes dénoyautées,
3 poivrons verts,
100 g de lard de poitrine,
300 g de chorizo,
300 g de riz,
concentré de tomates,
2 poivrons rouges,
huile d'olive,
sel et poivre.

Réalisation :

• Pelez et émincez les oignons. Mettez les olives à tremper dans de l'eau chaude afin de les dessaler.

• Lavez et épépinez les poivrons et découpez-les en fines lanières.

• Faites chauffer 3 cuillères à soupe d'huile dans un poêlon en terre ou en fonte. Faites-y revenir les oignons puis ajoutez le riz. Quand il devient translucide ajoutez 1 cuillère à soupe de concentré de tomates. Salez et poivrez. Couvrez d'eau tiède. Posez sur le riz le lard coupé en petits lardons, les olives égouttées et le chorizo découpé en tranches. Ne mélangez pas. Faites venir l'ébullition sur feu vif. Dès qu'elle se produit, baissez le feu et couvrez. Laissez cuire 40 minutes à feu doux.

• Cuisez les lanières de poivrons à la poêle dans de l'huile d'olive, pendant une demi-heure.

• Quand le riz a absorbé toute l'eau, dressez-le sur un plat de service chaud. Décorez avec les lanières de poivron. Arrosez avec le jus de cuisson de ces derniers et servez aussitôt.

Vin conseillé : Peut-être un Côte-du-Rhône, mais un vin espagnol …

Le riz au jambon de Bayonne

Ingrédients pour 6 personnes :

350 g de riz,
2 oignons,
100 g de graisse d'oie,
bouillon,
1 morceau de sucre,
thym, laurier,
3 tranches de jambon de Bayonne,
beurre,
6 œufs,
1 kg de tomates,
2 gousses d'ail,
50 g de gruyère râpé,
sel et poivre.

Réalisation :

• Pelez et hachez finement les oignons. Faites-les fondre dans la graisse d'oie et dès qu'ils sont translucides ajoutez le riz. Remuez bien pour qu'il absorbe uniformément toute la matière grasse. Mouillez avec 2 fois 1/2 son volume de bouillon. Salez peu mais poivrez bien.

• Hachez grossièrement le jambon et au trois-quarts de la cuisson du riz, joignez-le à celui-ci ainsi que le gruyère râpé. Le riz sera cuit quand il aura absorbé tout le liquide de cuisson.

• Beurrez un plat à four. Remplissez-le du riz au jambon. Pratiquez sur le dessus 6 alvéoles et cassez un œuf dans chacune d'elles. Mettez une noisette de beurre sur chaque œuf et faites cuire à four moyen pendant 10 à 15 minutes.

• Pendant ce temps préparez un coulis : pelez et épépinez les tomates. Passez-les au moulin à légumes. Recueillez le jus et la pulpe dans une casserole. Ajoutez du thym et 1 feuille de laurier, l'ail pelé et haché ainsi que le sucre. Portez à ébullition puis baissez le feu pour laissez épaissir doucement. Remuez de temps à autre.

• Servez le riz dans son plat de cuisson accompagné du coulis de tomate versé dans une saucière bien chaude.

Vin conseillé :Un Vin du Languedoc.

BAYONNE

Le riz du jai alai

Ingrédients pour 4 personnes :

2 oignons,
beurre salé,
250 g de riz,
1 kg de potiron,
200 g d'Istara,
vin blanc,
poivre.

Réalisation :

• Epluchez et émincez les oignons. Faites-les revenir au beurre dans une cocotte en fonte. Ajoutez le riz et quand il devient transparent, mouillez avec 2 fois son volume de vin blanc. Poivrez. Laissez réduire un peu.

• Epluchez le potiron et découpez sa chair en cubes. Ajoutez ceux-ci au riz. Laissez cuire à découvert jusqu'à épuisement du liquide.

• Découpez l'Istara en fines lamelles.

• Remuez le contenu de la cocotte et ajoutez 70 g de beurre puis l'Istara. Remuez sur feu très doux jusqu'à ce que le fromage soit entièrement fondu.

• Servez aussitôt et très chaud.

Vin conseillé : un Pomerol

Vous pouvez également faire gratiner ce plat au four. Il accompagne très bien une viande blanche rôtie, des escalopes de veau poêlées, une volaille.

Les Basques aiment pratiquer le jai alai *(ou cesta punta) qui est l'une des formes de la pelote basque : classé parmi les jeux indirects, c'est-à-dire ceux dans lesquels les joueurs sont face à un mur contre lequel ils lancent la balle, directement ou après l'avoir fait rebondir sur un autre mur, le jai alai se joue en simple, en double ou en équipes de trois joueurs. Les parties se font en quarante points. C'est le jeu de pelote le plus rapide. Il demande une très grande agilité car il faut sauter très haut pour rattraper une balle qui arrive souvent à plus de 240 km/h !*

2001
Domaine
DE LA COMBE
BOURGOGNE
PINOT NOIR

La piperade

Ingrédients pour 4 personnes :

2 poivrons verts ou jaunes,
1/2 piment vert,
1 oignon,
1 gousse d'ail,
4 tomates,
huile d'olive,
thym, laurier, persil,
graisse d'oie et beurre,
6 œufs,
4 tranches de jambon de Bayonne,
1 chipolata,
sel et poivre.

Réalisation :

• Pelez les poivrons (faites-les griller au four et enveloppez-les quelques instants dans du papier, ce qui vous aidera à les peler plus facilement). Epépinez-les et coupez-les en fines lanières. Epépinez et coupez le piment en lanières. Mettez le tout à cuire doucement à la poêle, dans une cuillère à soupe d'huile.

• Pelez et hachez oignon et ail. Pelez et épépinez les tomates. Dans une casserole, faites fondre l'oignon et l'ail dans un peu d'huile. Ajoutez les tomates, du thym effeuillé, du laurier. Salez peu et poivrez bien. Laissez cuire 7 minutes.

• Mélangez les deux préparations.

• Faites fondre 1 cuillère à café de graisse d'oie et 1 cuillère à café de beurre dans une poêle chaude. Battez les œufs en omelette et versez-les dans la poêle. Laissez prendre le fond et recouvrez des légumes. Mélangez rapidement cette piperade.

• Passez les tranches de jambon à la poêle dans un peu de beurre. Poêlez également la chipolata et coupez-la en tranches.

• Retournez la piperade sur un plat de service. Décorez avec le jambon, les tranches de saucisse et du persil haché.

Vin conseillé : Bourgogne Pinot noir.

Piperade vient du mot basque ***biperra*** *qui veut dire piment. C'est l'incontournable de la table basque !*

Les haricots à la Pyrénéenne

Ingrédients pour 4 personnes :

1 kg de haricots frais ou
750 g de haricots secs,
beurre,
farine,
basilic,
1 oignon,
couenne de porc,
1 cuillère à soupe de farine,
sel et poivre.

Réalisation :

• Si vous avez choisi les haricots secs, faites les tremper la veille. S'il s'agit de haricots frais, égrenez-les.

• Placez vos haricots dans une grande casserole. Recouvrez d'eau froide, portez à ébullition et égouttez. Epluchez l'ail et l'oignon : écrasez la première et émincez le second.

• Dans une casserole, faites fondre une grosse cuillère de beurre. Ajoutez une demi-cuillère de farine et laissez cuire en remuant à la cuillère de bois jusqu'à ce que la farine prenne couleur. Ajoutez ail et oignon ; laissez cuire quelques instants et ajoutez les haricots. Remuez bien et couvrez d'eau froide.

• Tapissez une cocotte allant au four avec la couenne de porc. Versez les haricots dessus. Couvrez et placez à four très doux. Laissez cuire jusqu'à ce que les haricots soient cuits à point. Quelques minutes avant la fin de la cuisson, salez et poivrez ; saupoudrez de basilic.

• Servez bien chaud, seul ou en accompagnement d'une viande blanche.

Vin conseillé : Châteauneuf-du-Pape.

Les petits pois à la mode de Bayonne

Ingrédients pour 6 personnes :

2 cuillères à soupe d'huile d'olive,
1 échalote,
2 tomates,
750 g de petits pois écossés,
1 tranche épaisse de jambon de Bayonne,
2 poivrons.

Réalisation :

• Mettez vos petits pois à cuire à l'eau bouillante salée jusqu'à ce qu'ils soient tendres. Egouttez-les.

• Pelez les tomates et découpez-les en quartiers. Coupez les poivrons épépinés en lamelles. Pelez et émincez l'échalote. Coupez le jambon en cubes.

• Mettez l'huile dans une poêle et quand elle est chaude faites-y revenir l'échalote. Ajoutez les tomates et les poivrons. Laissez cuire jusqu'à ce que les légumes soient tendres. Ajoutez alors le jambon puis les petits pois. Mélangez le tout.

• Servez chaud.

Les petits pois de Baïgorry

Ingrédients pour 4 personnes :

750 g de petits pois écossés,
1 tranche épaisse de jambon de Bayonne,
1 boîte de maïs en grains,
100 g de beurre,
sel et poivre.

Réalisation :

• Faites cuire les petits pois à l'eau bouillante salée jusqu'à ce qu'ils soient tendres. Egouttez-les et mélangez-les aux grains de maïs. Faites chauffer doucement le tout en ajoutant 75 g de beurre.

• Coupez le jambon en dés et faites-les revenir à la poêle dans le reste du beurre. Ajoutez ce jambon au mélange petits pois et maïs. Laissez cuire tout doucement pendant une dizaine de minutes. Salez légèrement et poivrez bien.

• Servez très chaud.

Saint-Etienne de Baïgorry possède un fort intéressant château du XVIème siècle.

Les pommes de terre aux poivrons

Ingrédients pour 4 personnes :

750 g de pommes de terre,
piment en poudre,
huile d'olive
3 gousses d'ail,
cumin,
2 poivrons rouges,
sel et poivre.

Réalisation :

• Pelez les pommes de terre, lavez-les, essuyez-les soigneusement et coupez-les en quartiers.

• Faites chauffer de l'huile d'olive dans une cocotte en fonte et jetez-y les quartiers de pommes de terre. Laissez cuire environ 3/4 d'heure, jusqu'à ce que les pommes de terre soient tendres.

• Epluchez et hachez l'ail. Lavez les poivrons, épépinez-les et coupez-les en lanières.

• Lorsque les pommes de terre sont cuites, ajoutez les lanières de poivrons. Faites sauter le tout pendant 10 minutes. Saupoudrez d'ail et de piment (plus ou moins selon votre goût). Laissez encore revenir pendant 5 minutes. Salez et poivrez puis saupoudrez d'un peu de cumin. Laissez cuire encore 1 minute.

• Servez très chaud.

Vin conseillé : Saint-Pourçain

Ces pommes de terre accompagnent à merveille un poulet rôti en cocotte, un rôti de porc à la broche ou de petites saucisses sautées à la poêle.

Les piments d'Anglet farcis

Ingrédients pour 4 personnes :

500 g de piments d'Anglet,
1 filet de morue cuite,
500 g de tomates,
3 gousses d'ail,
persil,
piment,
huile,
200 g de fromage de brebis frais,
un peu de pâte à crêpes,
250 g d'oignons,
100 g de lard fumé,
1 morceau de sucre.

Réalisation :

• Fendez les piments en deux et débarrassez-les de leurs graines. Lavez-les bien. Essuyez-les.
• Hachez le persil, 2 gousses d'ail épluchées et 1 tomate. Dans une sauteuse, mettez un peu d'huile et faites-y revenir ce hachis. Ajoutez la morue effeuillée. Saupoudrez d'un peu de piment et laissez cuire tout doucement pendant 15 minutes.
• Malaxez bien le fromage de brebis avec un peu de piment et une gousse d'ail épluchée et hachée finement.
• Farcissez la moitié des piments avec la farce à la morue et l'autre moitié avec la farce au fromage.
• Mettez les piments farcis à la morue dans un plat à four huilé. Mettez-les à cuire à four chaud pendant 30 minutes environ.
• Coupez le reste des tomates en petits dés. Faites-les revenir dans de l'huile. Ajoutez-leur les oignons épluchés et hachés finement. Ajoutez également le lard découpé en tout petits dés, le sucre et un peu de piment. Faites cuire jusqu'à obtenir un coulis épais.
• Faites chauffer assez d'huile pour faire une friture. Trempez les piments farcis au fromage dans la pâte à crêpes et plongez-les dans l'huile très chaude. Laissez cuire quelques instants. Egouttez soigneusement.
• Sur un plat de service, présentez vos piments en alternant ceux farcis à la morue et ceux farcis au fromage de brebis. Servez avec le coulis en saucière.

Vin conseillé :Chablis ou Sauternes

Le piment doux d'Anglet est de couleur verte car récolté avant son mûrissement.

Les tomates à la mode d'Hendaye

Ingrédients pour 3 personnes :

3 tomates,
1 piment d'Espelette,
150 g de fromage de brebis,
huile d'olive.

Réalisation :

• Ouvrez le piment et épépinez-le. Hachez-le finement.

• Lavez et essuyez les tomates. Coupez-les en deux et placez-les dans un plat à four huilé. Saupoudrez les demi-tomates de piment et de fromage de brebis râpé. Arrosez d'un filet d'huile d'olive.

• Faites cuire à four chaud pendant 15 minutes.

• Servez brûlant.

C'est sur l'île des Faisans à Hendaye que fut signée en 1659 entre l'Espagne et la France la Paix des Pyrénées qui fixait la frontière entre ces deux pays.

Le gratin de pommes de terre à l'Istara

Ingrédients pour 6 personnes :

12 pommes de terre de taille moyenne,
400 g d'Istara,
poivre,
50 g de beurre,
250 g de crème fraîche.

Réalisation :

• Lavez et pelez les pommes de terre. Essuyez-les et coupez-les en tranches très fines.

• Enlevez la croûte de l'Istara et coupez-le en lamelles fines.

• Beurrez un plat à four en terre avec 20 g de beurre. Placez au fond une première couche de pommes de terre, puis recouvrez de lamelles d'Istara et de quelques cuillères de crème. Poivrez. Mettez une seconde couche de pommes de terre, puis d'Istara et de crème ainsi que du poivre, etc. jusqu'à épuisement des ingrédients et en terminant par une couche d'Istara. Répartissez dessus les 30 g de beurre restant, coupé en fines lamelles.

• Enfournez à four chaud th. 7 pour environ 1 heure. La cuisson peut être plus courte ou plus longue selon la qualité des pommes de terre. Celles-ci sont cuites quand un couteau enfoncé dans plusieurs endroits du plat pénètre facilement. Servez aussitôt.

Vin conseillé : un Corton.

Ce gratin accompagne à merveille de petites et très fines escalopes de veau poêlées au beurre.

ISTARA
PUR BREBIS
OSSAU-IRATY
FABRIQUÉ AU PAYS BASQUE
(Pyrénées-Atlantiques)
OSSAU-IRATY
Appellation d'Origine Contrôlée
INAO

Le gratin des Pyrénées

Ingrédients pour 4 personnes :

300 g de pâtes (macaronis, coudes, etc.),
400 g de fromage de brebis,
200 g de girolles,
100 g de beurre,
bouillon,
250 g de crème fraîche,
50 g de chapelure.

Réalisation :

• Faites cuire les pâtes dans un mélange d'eau bouillante et de bouillon à parts égales, selon le temps prévu sur leur paquet. Egouttez et réservez.
• Epluchez et lavez les girolles. Emincez-les. Faites fondre le beurre dans une poêle et mettez-y les champignons à cuire jusqu'à ce qu'ils aient rejeté leur eau. Laissez-les cuire encore un peu pour qu'ils soient croquants.
• Râpez le fromage de brebis. Mélangez les pâtes, les champignons, le fromage râpé et la crème. Beurrez un plat à gratin et disposez-y ce mélange. Faites cuire au four th. 6 (180° C) pendant 20 minutes.
• 5 minutes avant la fin de la cuisson, saupoudrez de chapelure et enfournez de nouveau sous le gril afin que le dessus du plat soit gratiné.

L'Ossau-Iraty, ce délicieux fromage de brebis, bénéficie d'une AOC qui évoque ses deux berceaux d'origine : la forêt d'Iraty dans les montagnes du Pays Basque et la vallée d'Ossau dans le Béarn. Il existe une Route de l'Ossau-Iraty qui mène du col d'Aubisque à Saint-Jean-de-Luz : une trentaine de fermes et de fromageries la jalonnent, offrant un fromage doux et tendre côté béarnais et plus affiné côté basque.

Le gratin de courgettes au fromage basque

Ingrédients pour 6 personnes :

1,5 kg de courgettes,
huile d'olive,
piment en poudre,
300 g de fromage basque,
(Istara ou Ossau Iraty).

Réalisation :

• Lavez les courgettes et découpez-les en rondelles.

• Faites chauffer de l'huile d'olive dans une grande poêle et quand elle est bien chaude jetez-y les courgettes. Laissez cuire en remuant de temps à autre jusqu'à ce que les légumes aient épuisé leur eau et qu'ils commencent à prendre couleur. Saupoudrez de piment (selon votre goût…)

• Coupez le fromage en fines lamelles. Ajoutez-en les trois quarts au contenu de la poêle et hors du feu. Mélangez jusqu'à ce que le fromage soit fondu.

• Versez le tout dans un plat à gratin et placez au four th 5/6 pour environ 3/4 d'heure. Sortez le plat du four et ajoutez sur le dessus le reste du fromage. Remettez à gratiner.

• Servez très chaud.

Ce plat accompagne très bien une viande en sauce. Vous pouvez, si votre fromage est un peu sec, le râper au lieu de le découper en lamelles.

Le gâteau basque

Ingrédients pour 6 personnes :

280 g de farine,
220 g de sucre en poudre,
1 pincée de sel,
160 g de beurre,
5 œufs,
1 citron,
1/4 de litre de lait,
1 cuillère à soupe de rhum,
70 g de poudre d'amandes.

Réalisation :

• Faites fondre 150 g de beurre. Râpez le zeste du citron. Dans une jatte, mélangez 250 g de farine avec 150 g de sucre, le sel, le beurre fondu, 1 œuf entier et le zeste de citron. Travaillez bien cette pâte, roulez-la en boule et laisse-la reposer au frais.

• Faites bouillir le lait. Battez 3 œufs entiers avec 70 g de sucre. Ajoutez 20 g de farine et le rhum. Travaillez jusqu'à ce que le mélange blanchisse. Incorporez peu à peu le lait tiédi. Remettez sur feu doux et faites épaissir. Hors du feu incorporez alors la poudre d'amandes.

• Etalez la pâte au rouleau et découpez-y deux cercles. Beurrez un moule à tarte avec les 10 g de beurre restant et farinez-le avec les 10 g de farine qui restent. Posez-y l'un des deux cercles de pâte. Tartinez avec la crème en veillant à garder un bord tout autour du cercle. Mouillez alors ce bord. Posez le second disque de pâte sur la crème et appuyez bien tout autour pour souder. Dorez avec le dernier œuf et striez la pâte du dessus avec les dents d'une fourchette en veillant à ne pas la percer.

• Mettez à cuire 1 heure environ à four doux. Démoulez et servez tiède ou froid.

Vin conseillé : un Frontignan.

Vous pouvez utiliser des moules de différentes formes : rectangulaires, ronds, en cœur, en étoile, etc. Il n'existe pas UN gâteau basque mais autant de gâteaux basques que de villes et villages, de pâtissiers ou de cuisinières…

Le gâteau basque d'Itxassou

Ingrédients pour 6 personnes :

285 g de farine,
3 œufs,
210 g de beurre,
200 g de sucre en poudre,
1 pincée de sel,
1 citron,
1 pot de confiture de cerises.

Réalisation :

• Râpez le zeste du citron. Mettez 275 g de farine dans une terrine. Ajoutez 2 jaunes d'œufs, 1 œuf entier, 200 g de beurre en petits morceaux, 200 g de sucre, le sel et un peu de zeste de citron. Travaillez du bout des doigts jusqu'à obtenir une pâte assez ferme. Laissez-la reposer pendant 1 heure ou 2 dans un endroit frais.

• Beurrez un moule avec 10 g de beurre et farinez avec les 10 g de farine restants. Etalez les deux tiers de la pâte et disposez dans le moule en formant un gros bourrelet le long des parois du moule. Remplissez avec la confiture de cerises légèrement détendue d'un peu d'eau chaude. Etalez le reste de pâte et recouvrez-en le gâteau. Soudez bien les deux abaisses de pâte entre elles en mouillant un peu celle du dessous et en pinçant le bord. Percez de petits trous sur le dessus de la pâte, décorez de ciselures et dorez au blanc d'œuf.

• Enfournez pour 30 à 35 minutes à th. 6.

• Laissez refroidir avant de démouler.

Vin conseillé : un Frontignan

Vous pouvez également joindre à la confiture 500 g de cerises que vous dénoyauterez préalablement.

Le béret basque

Ingrédients pour 6 personnes :

135 g de chocolat amer,
90 g de beurre,
1 œuf,
70 g de sucre glace,
1 sachet de sucre vanillé,
1 génoise,
vermicelles en chocolat.

Réalisation :

• Cassez 125 g de chocolat en petits morceaux et faites-le fondre au bain marie en remuant à la cuillère de bois. Ajoutez le beurre par petits morceaux en travaillant toujours au bain-marie. Ajoutez le jaune d'œuf, le sucre et le sucre vanillé. Mélangez bien et laissez refroidir.

• Coupez la génoise en deux dans le sens de l'épaisseur et façonnez la partie du haut en rabattant l'arête de façon à lui donner la forme d'un béret.

• Tartinez le disque de dessous de crème au chocolat. Placez l'autre disque en forme de béret dessus et recouvrez tout le gâteau avec la crème. Saupoudrez d'une bonne couche de vermicelles en chocolat.

• Faites légèrement ramollir les 10 g de chocolat restant et façonnez-les en un tout petit rouleau que vous placerez au centre du gâteau de manière à figurer la pointe du béret.

Vin conseillé : Banyuls.

Les fêtes, et notamment celles de Bayonne pendant la période estivale, sont l'occasion de revêtir la célèbre tenue blanche avec foulard et ceinture rouges et bien sûr le fameux béret ! Le Roi Léon, ce géant qui préside à ces réjouissances depuis le balcon de l'Hôtel de Ville de Bayonne, n'est pas autrement vêtu !

Les Biarritz

Ingrédients pour 6 personnes :
4 blancs d'œufs,
3 gouttes d'extrait d'orange,
160 de sucre en poudre,
50 g de chocolat noir à pâtisser,
40 g d'amandes en poudre,
un peu de fondant acheté
40 g de noisettes en poudre,
tout prêt dans le commerce
40 g de farine,
parfumé et coloré à votre choix,
40 g de beurre.

Réalisation :
• Faites fondre le beurre sur feu doux. Battez les blancs d'œufs en neige. Ajoutez le sucre puis les amandes et les noisettes en poudre, la farine, le beurre fondu et l'extrait d'orange. Mélangez bien.

• Beurrez une plaque à pâtisserie. Posez dessus de petits tas de pâte assez espacés car elle va s'étendre en cuisant. Mettez à cuire à four moyen pendant 25 minutes environ.

• Laissez refroidir sur une grille.

• Faites fondre le chocolat et le fondant au bain-marie jusqu'à ce qu'ils puissent s'étaler au pinceau à pâtisserie ou à la spatule. Glacez le dessus de la moitié des Biarritz avec le chocolat et l'autre avec le fondant. Laissez prendre ceux-ci et dégustez.

Dégustez ces petites douceurs en contemplant les surfers qui affrontent les rouleaux avant de s'échouer sur le sable. Car Biarritz est le berceau du surf européen.

SAINT JEAN DE LUZ

Les macarons de Saint-Jean-de-Luz

Ingrédients pour 12 macarons:

125 g d'amandes,
2 blancs d'œufs,
80 g de sucre en poudre,
1 sachet de sucre vanillé,
papier sulfurisé,
beurre,
2 cuillères à soupe de sucre glace.

Réalisation :

• Plongez les amandes 30 secondes dans de l'eau bouillante et épluchez-les. Ecrasez-les ensuite au pilon en leur ajoutant en même temps, cuillérée par cuillérée la moitié d'un blanc d'œuf et 40 g de sucre.

• Incorporez ensuite la seconde moitié du blanc d'œuf, le reste de sucre, le sucre vanillé puis le second blanc d'œuf.

• Placez du papier sulfurisé sur votre plaque à four et beurrez-le. Disposez dessus des boulettes de pâte que vous aplatirez à la main. Badigeonnez chaque disque avec de l'eau et saupoudrez de sucre glace.

• Faites cuire à four chaud (th. 5) pendant une vingtaine de minutes.

• Mouillez un torchon de cuisine. Disposez-le sur le plan de travail et posez-y le papier sulfurisé contenant les macarons. Laissez poser quelques minutes puis décollez les macarons.

• Vous pouvez les déguster lorsqu'ils sont complètement refroidis. Mais vous pouvez aussi les conserver frais et tendres pendant plusieurs jours en les conservant dans une boîte métallique hermétique.

Boisson conseillée : café, ou mieux encore chocolat chaud.

A Saint-Jean-de-Luz, on les déguste avec une crème de noix.

C'est à Saint-Jean-de-Luz en 1660 qu'eut lieu le mariage du roi de France Louis XIV et de l'infante d'Espagne Marie-Thérèse d'Autriche. On peut d'ailleurs voir sur le port la maison de l'infante. La tradition veut que le Roi-Soleil se soit régalé ici des fameux macarons.

Les mouchous

Ingrédients pour 750 g de gâteaux :

250 g d'amandes mondées,
5 œufs,
500 g de sucre semoule,
papier sulfurisé,
beurre,
sucre glace,
extrait de café.

Réalisation :

• Pilez les amandes et incorporez-leur peu à peu trois blancs d'œufs non battus. Ajoutez le sucre semoule et mélangez bien.

• Faites chauffer le four réglé sur th. 4 (165° c).

• Beurrez un papier sulfurisé et déposez-y des petites boulettes de pâtes. Aplatissez légèrement. Mettez à cuire au four pendant 25 minutes.

• Pendant ce temps travaillez ensemble 2 blancs d'œufs et tout le sucre glace nécessaire pour les saturer. Colorez avec un peu d'extrait de café.

• Sortez les mouchous du four. Laissez-les refroidir puis recouvrez-les d'une couche de glaçage (gardez-en un peu). Remettez au four pour 3 à 4 minutes.

• Décollez les mouchous du papier sulfurisé. Placez les sur une grille et recouvrez-les très légèrement de ce qu'il vous reste de glaçage. Laissez bien sécher avant de servir.

Les mouchous sont les macarons du Pays Basque.

La confiture de cerises d'Itxassou

Ingrédients pour 1 kg de cerises:
1 kg de cerises bien juteuses,
sucre en poudre.

Réalisation :

- Lavez et égouttez les cerises. Equeutez-les et dénoyautez-les. Pesez-les.
- Comptez le même poids de sucre que celui des cerises.
- Dans une bassine à confiture, alternez les couches de cerises et celles de sucre. Couvrez et laissez macérer 24 h à température ambiante.
- Placez sur feu doux et laissez venir à ébullition. Laissez alors cuire 20 à 25 minutes à petits bouillons. Ecumez aussi souvent que nécessaire.
- Retirez les cerises de la bassine et placez-les dans les bocaux. Laissez cuire leur jus pendant encore 10 minutes et versez-le dans les bocaux.
- Laissez refroidir complètement et placez les couvercles. Cette confiture se garde très bien pendant plusieurs mois dans un endroit frais et sombre. Lorsque vous en ouvrirez un pot pour en prendre un peu, n'oubliez pas de conserver celui-ci et le reste de son contenu au réfrigérateur.

Confiture de cerises et touron : les douceurs du Pays Basque à savourer absolument !

La koka

Ingrédients pour 6 personnes :

120 g de sucre en morceaux,
60 g d'écorces de citron confites,
60 cl de lait,
120 g de sucre en poudre,
1 pincée de sel,
1 gousse de vanille,
7 œufs,
papier aluminium.

Réalisation :

• Faites un caramel avec les morceaux de sucre mouillés d'eau. Répartissez-le dans 6 ramequins.

• Hachez les écorces de citron et dès que le caramel est refroidi, parsemez-en le fond des ramequins.

• Mélangez le lait, le sucre en poudre et le sel. Ajoutez la gousse de vanille et portez à ébullition. Puis laissez infuser hors du feu pendant 20 minutes.

• Préchauffez votre four réglé sur th. 5 (150° C).

• Retirez la gousse de vanille et réchauffez le lait. Battez 3 œufs entiers avec 4 jaunes. Incorporez le lait en fouettant vivement. Versez le tout dans les ramequins. Recouvrez-les de papier aluminium.

• Placez les ramequins au bain-marie du four et laissez cuire 45 minutes. Pour vérifier la cuisson, enfoncez une lame de couteau au centre de la crème ; elle doit ressortir sans aucune trace.

• Sortez les ramequins du four et laissez refroidir. Placez ensuite pour 2 heures au réfrigérateur.

• Au moment de servir, placez les ramequins dans un fond d'eau chaude pour vous aider à les démouler. Renversez sur les assiettes et servez aussitôt.

Vin conseillé : un vin blanc moelleux, Gaillac ou Muscat.

Vous pouvez remplacer le citron confit par des zestes de citron frais coupés très fin.

Moulinex

Notre grand reportage !
LES CLOCHES VOLENT !

La mousse au chocolat de Bayonne

Préparation : 10 mn + *Réfrigération* : 6 h
Cuisson : 5 mn

Ingrédients pour 4 personnes :
300 g de chocolat noir,
grains de café en chocolat ou tout autre décor de votre choix,
25 cl de crème fleurette,
25 g de sucre en poudre.

Réalisation :
• Faites fondre le chocolat au bain-marie ou au micro-onde. Ajoutez-lui le sucre.

• Montez la crème fleurette en Chantilly et incorporez-la délicatement au chocolat.

• Mettez cette préparation dans une poche à pâtisserie et remplissez-en 4 tasses à café. Placez au réfrigérateur pour 6 heures.

• Décorez de grains de café en chocolat ou avec ce que vous avez choisi en guise de décor et servez aussitôt.

La fabrication artisanale et le commerce du chocolat doivent leur origine à la communauté juive chassée d'Espagne qui introduisit ce produit à Bayonne. Cette cité, dont il devint la spécialité, importa même directement les fèves de cacao d'Amérique.

← *Le sujet au chocolat a été réalisée par David Dupont, de la boulangerie-pâtisserie Dupont à Seurre.*

Le sorbet de juin

Ingrédients pour 6 personnes :

250 g de sucre en poudre,
750 g de cerises dénoyautées,
cerises à l'eau de vie.

Réalisation :

• Portez à ébullition 20 cl d'eau avec les 250 g de sucre. Laissez cuire jusqu'à obtenir un sirop épais. Ajoutez alors 5 cl d'eau de vie de cerise. Laissez refroidir

• Mixez ou passez au moulin à légumes 750 g de cerises dénoyautées. Mélangez-les au sirop refroidi et faites prendre en sorbetière.

• Servez en boules dans des coupes réfrigérées et décorez avec des cerises à l'eau de vie.

Sorbet de fête car c'est le deuxième dimanche de juin qu'Itxassou célèbre ses cerises !

La citronnée basque

Ingrédients pour 8 personnes :

6 citrons,
250 g de sucre en poudre,
glaçons,
1 bouteille de vin blanc léger et sec,
1 bouteille de vin rouge corsé.

Réalisation :

• Lavez les citrons. Coupez-en un en rondelles pas trop fines. Levez le zeste des autres citrons et découpez ce zeste en lanières. Pressez les citrons. Versez le jus dans une carafe. Ajoutez les rondelles de citron, les zestes et le sucre. Secouez pour faire fondre le sucre.

• Ajoutez le vin rouge puis le vin blanc. Laissez macérer pendant une nuit au frais.

Servez bien frais en ajoutant des glaçons.

Le chocolat de Bayonne

Ingrédients pour 4 personnes :

100 g de chocolat noir amer,
4 cuillères à soupe de cacao en poudre,
4 bâtonnets de cannelle,
2 pincées de cannelle en poudre,
1 petit pot de crème fraîche,
100 g de sucre en poudre,
3/4 de litre de lait.

Réalisation :

• Dans une casserole, mettez le chocolat coupé en petits morceaux, le cacao, 75 g de sucre, 3 cuillères à soupe d'eau. Portez doucement à ébullition en remuant sans cesse. Ajoutez alors la cannelle en poudre, 2 cuillères à soupe de crème et le lait. Faites chauffer très doucement en remuant toujours et sans laisser bouillir.

• Fouettez le reste de crème avec le reste de sucre.

• Versez le chocolat dans les tasses. Décorez avec un peu de crème fouettée et ajoutez dans les tasses les bâtons de cannelle qui serviront de petites cuillères pour remuer ce mélange onctueux et délicat à servir très chaud.

Table des recettes

Fromages

Desserts et Boissons

Ouvrage imprimé par Pollina S.A.S. Luçon 85
N° d'impression : L42247
Photogravure de Labogravure Bordeaux 33

Dépôt légal : Septembre 2004

Imprimé en France